三訂版

スクールソーシャルワーカー実務テキスト

金澤ますみ・奥村賢一・郭理恵・野尻紀恵　［編著］

G学事出版

はじめに

　本書は2016年5月、『スクールソーシャルワーカー実務テキスト』として刊行され、スクールソーシャルワーカーをはじめ、多くの学校関係者にご購読いただきました。この間、国は「チームとしての学校（通称：チーム学校）」を掲げ、2019年度までに全ての中学校区にスクールソーシャルワーカー1名を配置し、全国で1万人まで増員する目標を定めました。スクールソーシャルワーカーに対する社会的要請は年々高まりを見せる中、2019年8月には『新版 スクールソーシャルワーカー実務テキスト』として、初版刊行以後の法改正にも対応した改訂版を出版いたしました。2008年の文部科学省「スクールソーシャルワーカー活用事業」の開始から15年目を迎え、全国的には常勤雇用や多くのスクールソーシャルワーカーを配置する自治体がある一方で、未だに週数日の限られた勤務の中、一人で相当数の学校に派遣対応する非常勤雇用のスクールソーシャルワーカーがいるなど、全国的には事業の濃淡が生じています。

　2020年1月に国内で初めて新型コロナウイルスの感染者が確認されて以降、人々の生活は大きな制限と変化を余儀なくされました。学校現場も臨時休業や行事等の中止・縮小等の対応に追われ、子どもたちの教育環境も大きく変化しています。スクールソーシャルワーカーも学校教職員の一員として、ICTの活用をはじめとする多様な学びの機会や柔軟なサポートネットワークの創出に向けた新たな取り組みへの参画が求められます。

　このような状況の中、この度一部内容をリニューアルした『三訂版 スクールソーシャルワーカー実務テキスト』を発刊することになりました。本書は第一線で活躍するスクールソーシャルワーカーはもとより、初任者やスクールソーシャルワーカーを目指す人たちにも対応した万能型テキストです。また、教育委員会や学校、さらには関係機関に従事する人々にとっても、支援活動に役立つ情報が多く盛り込まれており、実務に必要な専門的知識、技術、価値・倫理の基礎から応用までを幅広く網羅しています。地域によりスクールソーシャルワーカーの活動実態が異なるとしても、人類が経験したことのない未曾有の災禍においても、私たちが行うソーシャルワークは人々と共にあることに何ら変わりはありません。

　本書が、子ども一人ひとりに寄り添い、どんな困難も未来志向で乗り越え、魅力的な学校を創造するために尽力するスクールソーシャルワーカーの支えとなることを心より願っています。

2022年9月　奥村賢一

☀ 本書を使用するにあたって

① 本書では、以下の略記を使用しています。

＊「スクールソーシャルワーカー」は「SSW」

＊「スクールカウンセラー」は「SC」

② 本書では「スクール（学校）ソーシャルワーク」という
表記を使用しています。

日本において、学術的には「スクール」ソーシャルワークなのか「学校」ソーシャルワークなのかということに合意がとれていない段階です。今後、これらの表記そのものの意味については、議論を必要としています。

現場の私たちは、「そういう段階」であることを認識し表現を大切にしながら、共に SSW の現場実践を追求しようとしています。各々が大切にしている表現は決して別々のものではなく、それらのもつ現場での思いは同じベクトルにあります。

本書ではこのような思いを尊重し、「スクール（学校）ソーシャルワーク」の表記を用いています。

③ 記録フォーマット等の取り扱い

記録フォーマット等の取り扱いには、2 つの種類があります。

⑴基本情報シート、カンファレンスシート、相談票経過記録用紙、観察記録用紙、エコマップのフォーマット等については、読者が自由に使うことができるように、ワード等の形式で収録しています。これらのデータは、読者がご自由にお使いください。

⑵具体事例が入っている、基本情報シート、カンファレンスシート、図表等は、書き換えのできない PDF の形式で収録しています。これらをご使用の際には、本書からの出典であることを明記してください。

記録フォーマットは右の QR コード、または以下の URL からダウンロードできます。

https://www.gakuji.co.jp/ssw_jitsumu_text/

I

スクール ソーシャルワーカーに 必要な知識

スクールソーシャルワーカーの実践は、 子どもをとりまく環境に働きかけるというところに 大きな特徴があります。スクール（学校）ソーシャル ワークについて知るところから始めましょう。

① 学校という場の可能性

（1）学校とソーシャルワークの関係

　1990年代ごろから、日本でも学校におけるソーシャルワークの実践が注目されるようになってきましたが、それ以前は、学校という場が子どもたちの生活時間の大部分を占めるにもかかわらず、ソーシャルワークの携わる領域ではありませんでした。その背景には、戦後の日本において、学校とソーシャルワークの関係は、不就学児童への支援というかたちで始まったということがあります。そのため、学校とソーシャルワークの関係は、就学までの支援や、就学後の教育扶助などの手続きに代表される、子どもたちが学校生活を送るうえでの最低限の生活を保障するための整備にとどまるものでした。いわば「手続き的な関係」と呼んでよいものだと考えます。

　その後、児童福祉の領域では、障害児童の就学猶予をめぐる問題や、児童養護施設入所児童の高校進学問題、児童自立支援施設入所児童の教育保障の問題などの、学校教育制度の外側にいる子どもたちの支援に取り組んできました。一方、学校内の問題については、1950年代ごろから、カウンセリングの必要性が学校と心理学領域でなされ始め、「学校内」はますますソーシャルワークの携わる領域ではなくなってきたという歴史があります[1]。

（2）学校という場の可能性を考える―チーム対応とは何か

　しかしその後、1990年代ごろからスクール（学校）ソーシャルワークが注目されるようになった大きな理由として、児童虐待の問題があります。

　スクールソーシャルワーカー（以下、SSW）は、子どもたちが学校生活を送るうえで生じてくる問題とその背景にある環境とがどのように関係しているかを見極め（アセスメント）、実際に人と人、人と制度などをつなぎながら環境調整を行い、子どもの教育権保障と生活環境の改善を目指します。この視点に立つと、学校で子どもが問題とされる行動を起こすことや、学校に来られない状態の背景に、児童虐待やネグレクトなどの家庭環境が関係している場合も少なくないことがわかってきたためです。

　そして、このアセスメントのためには、教職員、学校医、スクールカウンセラー

1）金澤ますみ「わが国のスクールソーシャルワークにおける課題：『学校』と『ソーシャルワーク』『カウンセリング』の関係史から」一般社団法人日本社会福祉学会『社会福祉学』48（3）　66〜78頁　2007
2）金澤ますみ・長瀬正子・山中徹二編著『学校という場の可能性を追究する11の物語―学校学のことはじめ』明石書店　3頁　2021

（以下、SC）、SSW 等、学校内で子どもにかかわるそれぞれの専門分野からの視点を必要とします。そこでは、問題を一人で抱え込むことは無意味ですし、チームでアセスメントをすることによって、結果的に学校以外の機関に協力を求める必要性も見えてくるからです。つまり、スクール（学校）ソーシャルワークの視点は、問題そのものを「学校の外に開く」性質をもっているということに特徴があります。

このように多職種がアセスメントの段階から、協働する体制を整えることがチーム対応の出発になります。

（3）「学校学」への視座

今、学校という場に身を置く子どもにとって、また、その子どもたちと同時代を生きている私たち大人にとって「学校とはどのような意味をもつ場所なのか」、「今、学校とは、どういう場としてあるべきか」を問うことは、どの時代においても重要なテーマでした。ただ、学校の中で起こっている問題は、学校の外からはとても見えにくいため、これまで「いじめ」、「不登校」、「学級崩壊」などをテーマにする様々な分野の研究についても、社会福祉学、教育学、心理学、法学、医学、経済学、その他それぞれの学問領域から個別にアプローチせざるを得ない時代が続いていました。

しかし今後は、それぞれの学問領域を超えて、学校という場をめぐる問題と、それを解決していくための学校という場の可能性を探す方法が必要です。そして、この問題を学校にかかわる専門職や研究者だけでなく、当事者である子ども本人や保護者、学校にかかわる NPO や自治会の関係者なども含めた「学校に集う人々」と共に考えていく方法を創出していくことが重要です。それを仮に『学校学』[2] と呼ぶことにします。

SSW は、この「学校学」に寄与する可能性をもつ職種であると言えます。学校という場に SSW が勤務し、その地域に根付く活動を目指す時、学校内で見えてくる問題を、様々な人たちと共有できる問題として学校の外に開いていく[3]。簡単なことではありませんが、学校という場が、子どもたちにとって安心・安全で、愛情にあふれた場であってほしいと願う人たち同士が対等に議論できる場をつくっていくことも、SSW のソーシャルアクションの1つだと思います。

（4）学校学のことはじめ

その試みの1つとして、2018年に学校学研究会が発足し、「職種も、経験も、立場も、研究領域も異なる人同士が集い、学校について語りあえる場」が生まれています[4]。

（金澤ますみ）

3）例として、学校現場から見える子どもの貧困問題などがある。その実際については下記参照。
　金澤ますみ「子どもの貧困と学校・ソーシャルワーク」『貧困研究』vol.11　明石書店　40～49頁　2013
4）前掲2）

② 学校とソーシャルワークの接点

（1）子育ち・子育ての課題

　1990年代以降、子どもたちの抱える問題は多様化したと言われています。80年代末のバブルの崩壊に端を発し、経済問題のみならず、環境・福祉・情報などの問題も顕在化し、社会全体が変化し始めました。90年代に入ると、小・中学校における不登校がますます増加しました。また、高校でも不登校が増加し始め、高校中退者の増加も問題となりました[1]。90年代以降21世紀になった現在に至るまで、これらの問題に加えて、学級崩壊・キレる子ども・いじめ・校内暴力・非行の低年齢化・発達の課題・児童虐待など、子どもに関する問題がますます多様になっています。

　いくつかの問題をもう少し詳しくみてみましょう。一つは児童虐待です。児童相談所における児童虐待相談対応件数は、年々増加[2]しています。虐待の背景には、親の精神的疾患や経済問題などの多様な課題が複雑に存在しています。また、不登校は出現率だけの問題ではありません。不登校の背景には、学校とのトラブルや、家族の病気などの問題もあります。その他にも子どもが表す行動事象を丁寧にみていくと、背景に存在する課題は多様化・複雑化しています。よって、学校での問題の抱え込みや、家庭の中だけでは容易には解決できないこと、まして子どもの努力だけでは解決は不可能であることがわかります。

　一方、親が子どもを育てにくい社会になっています。不安定な社会状態の中、誰もが余裕のない生活を送っています。出生率は低下したままですし、近年は、離婚率の増加も進んでいます。若者の未婚率の増加や晩婚化の傾向も強く、家族の形態が激変しました。その影響は子どもや子育てに及んでいます。特に乳幼児を育てる親が孤立する状況が顕著に見られ、子育てに対して不安や悩みを抱えるケースが増加しています。しかも、子育てに対して向けられる周りからの目は、干渉的・批判的なものも多く、現代社会は子どもを生み育てにくい環境であるといえます。

　子育てや子育ちの難しさの要因は様々ですが、なかでも、貧困との関連性は深刻です。日本では、7人に1人の子どもが貧困だと報告されています。では、貧困の何が問題なのでしょうか。お金がないことだけが貧困の問題なのでしょうか。そうではありません。貧困によって人とのつながりが切れてしまうこと、そして豊かな体験ができないことが問題なのです。人とのつながりが切れ、豊かな体験ができない中で育つ子どもたちの多くは、自分の人生に夢がもてない状況に陥ります。貧困による最も深刻な問題だと言えます。このように、親も子どもも社会から孤立し、家族のシステムが機能不全に陥っていきます。そこで育つ子どもはパワーレスになり、自己肯定感の低下につながります。これが、貧困の世代間継承へとつながる構

1）文部科学省『児童生徒の問題行動・不登校等生徒指導上の諸課題に関する調査』
2）厚生労働省『児童相談所での児童虐待相談対応件数等』
3）小川利夫・高橋正教編『教育福祉論入門』光生館　2001

造であり、子どもたちこそが、生活課題を抱えた当事者であるといえるのです。

（2）教育と福祉その接点

　しかし、日本の教育と福祉の制度はこれまで、縦割りの別々の仕組みになっていました。2008年度から文部科学省は「SSW活用事業」を予算化し、事業展開していますが、それは、学校という領域に、SSWという福祉の専門職が入ることによって、福祉と教育という2つの仕組みを結びつけるような役割が期待されたからです。

　例えば、先にあげた貧困家庭で育つ子どもたちの教育問題や生活課題、児童養護施設で生活している子どもたちの教育の問題があげられます。また、不登校・いじめ・非行・虐待など、子どもたちが抱える課題の多くが彼らの生活環境の問題から生じていることが多いのです。しかも、その真のニーズは見えにくいため、学校という全ての子どもが通う現場（義務教育段階での全数把握）での発見（アウトリーチ）と支援が期待されるところです。縦割りだった教育と福祉の橋渡しとなり、このような課題の解決に取り組むSSWが学校に存在する意義は大きいのです。

　小川利夫は、教育福祉とは児童福祉サービスの中に、実態的にはきわめて曖昧なままに放置され、結果的には軽視されている子ども・青年さらに成人の学習・教育権保障の体系化を目指す概念だと述べています[3]。そして小川は、教育福祉は、「教育と福祉の谷間」における諸問題であり、その「谷間」を埋め、解決策を提起していこうとしたのです。今日の子どもの貧困問題等、学校現場で見られる様々な問題を見ると、教育福祉の課題である「谷間」は解決されないまま、さらなる課題が見られるようになっていることがわかります。子どもが教育を平等に受けることができるようにすること、社会的に排除されないようにすることは、子どもが長い人生を生きていくうえで重要な課題です。SSWには、子どもを取り巻く環境における生活課題にアプローチする働きが期待されています。

　子どもの貧困を例にとると、子どもの貧困はそれのみで存在することはあり得ず、家族を単位として現れる貧困を、そこに生きる子どもに焦点化したものです。この焦点化により、貧困を背負って生きる子どもの育ちと発達の保障に何が必要であるのかを具体的に理解することが可能となります。また、子どもが通う学校や地域等、メゾシステムが影響を及ぼす場に焦点を当てた活動も、SSWの存在の意義だと言えます。

（野尻紀恵）

③ SSW とは─ 子どもの視点に立つということ

（1）グローバル定義と SSW

2014年7月、国際ソーシャルワーカー連盟（IFSW）と国際ソーシャルワーク学校連盟（IASSW）の総会もしくは合同会議にて、新たなソーシャルワークのグローバル定義が採択されました。それは、以下の通りです。

「ソーシャルワークは、社会変革と社会開発、社会的結束、および人々のエンパワメントと解放を促進する、実践に基づいた専門職であり学問である。社会正義、人権、集団的責任、および多様性尊重の諸原則は、ソーシャルワークの中核をなす。ソーシャルワークの理論、社会科学、人文学、および地域・民族固有の知を基盤として、ソーシャルワークは、生活課題に取り組みウェルビーイングを高めるよう、人々や様々な構造に働きかける」

SSW は、このようなソーシャルワークを、学校（教育現場）において展開する専門職だといえます。

（2）日本における SSW の広がり

文部科学省では、2008年度から「SSW 活用事業」を展開しています。その事業趣旨の中には、「教育分野に関する知識に加え、社会福祉の専門的な知識や技術を有する SSW を活用し、問題を抱える児童生徒に対し、当該児童生徒が置かれた環境へ働き掛けたり、関係機関等とのネットワークを活用したりするなど、多様な支援方法を用いて、課題解決への対応を図っていくこととする」と記載されています。つまり、SSW は「環境への働き掛け」「関係機関とのネットワーク」を行うと位置づけられていることが理解できます。

当初「SSW 活用事業」は141地域で始まりましたが、その後、SSW が全国で活動するようになっています。2013年6月「いじめ防止対策推進法」が国会で可決し、9月に施行されるにともない、各教育委員会が作成する「いじめ対策ガイドブック」や「いじめガイドライン」等で、いじめ問題での SSW の働きに期待が寄せられるようになりました。さらに、2013年1月の社会保障審議会「生活困窮者の生活支援の在り方に関する特別部会報告書」には、「貧困の連鎖を防止するためには、義務教育段階から、生活保護世帯を含む貧困家庭の子どもに対する学習支援等を行っていく必要がある」と記され、2013年6月に成立した「子どもの貧困対策の推進に関する法律」第8条の規定に基づき「子どもの貧困対策に関する大綱」が2014年8月29日に閣議決定されました。その大綱には、「教育と福祉をつなぐ重要な役割を果たす SSW の配置を拡充」と明記され、5年後に SSW を約1万人にすると

いう目標値が掲げられました。さらに、2019年の「子どもの貧困対策に関する大綱」では指標の改善に向けた重点施策の「1教育の支援（2）地域に開かれた子供の貧困対策のプラットフォームとしての学校指導・運営体制の構築」において「スクールソーシャルワーカーやスクールカウンセラーが機能する体制の構築等」が示されています。また、子どもがかかわる事件や事故が相次ぎ、SSWの存在がクローズアップされるようになりました。子どもや子どもを取り巻く環境の課題が大きく複雑であるという認識が日本の社会全体に広がっており、教育現場で活動するSSWへの期待が大きくなっていることを感じます。

（3）「子どもの人権」への視点

　だからこそ、SSWはリスクアプローチにとどまらない活動も必要だと考えます。なぜなら、リスクアプローチだけでは課題を抱えた子どもや家庭に対する、新たな社会的排除を引き起こす恐れがあるからです。そのためには、格差や不平等を解消するという視座からのアプローチが求められます。子ども・若者を中心に据えた新たな連帯を醸成する教育活動や、人と人とのつながりを紡ぎ出し、誰もが排除されない地域をつくる実践活動が必要です。その根底には、子どもの人権が存在します。

　子ども観は時代により左右されてきましたし、子ども自身の権利については曖昧にされてきた歴史があります。しかし、1989年の国連総会で「子どもの権利条約」が採択されて以来、子どもの存在が権利主体として認識され始めました。日本も1994年に「子どもの権利条約」を批准しました。SSWにとっては価値の中心的な考え方といえます。条約には「生きる権利」「発達する権利」「保護される権利」「参加する権利」の4つの柱があります。これらの権利を保障するうえで大切なのが、子どもの権利条約第3条第1項で高く掲げられた「児童の最善の利益」の追求です。ここには、医療・保健・福祉・教育・文化・司法にかかわる総合的な権利規定がされています。一方、国連・子どもの権利委員会の第4回・5回日本報告書審査（2019年）では、日本における「競争的な教育」と「豊かな子ども期の喪失」が指摘されました。この指摘は、現代社会における日本の子どもの育ちに非常に大きな影響を及ぼしている課題として受け止められています。

　子どもにかかわることは子どもにとって最善のことをすることです。子どもたちは何を求めているのか、本音はどこにあるのか、どのような自分になりたいと思っているのか。子どもに向き合うこと、あるいは子どもたちの家庭の生活状況や地域のありさまに目を向けていくこと、そうすることでしか、本当に子どもを理解することはできないのではないでしょうか。子どもを取り巻く大人が、子どもに向き合うことで、福祉と教育のつながりができてくるのだと考えられます。その接点にSSWの存在と活動が必要とされているといえるでしょう。

（野尻紀恵）

❹ SSWの専門性：価値・知識・技術

（1）専門職としての価値・哲学

　スクール（学校）ソーシャルワークは、ソーシャルワークという「専門職」の一つです。すなわち、SSWも専門職であり、実践を通してその「専門性」を発揮する必要があります。専門性は、「価値」・「知識」・「技術」の3本柱で成り立っています。その3つ全てが大切で、どれか1つが欠けても専門性を発揮した取り組みをすることはできません。「価値」とは、一言でいえば「何を大切にするか」ということで、専門職の価値とは、「専門職としての人間観や社会観、実践をする上での哲学」のことです。ソーシャルワーカーは、社会正義や人権を重んじ、何人も差別から守られ、個人として尊重され、平等に扱われ、抑圧や搾取から解放される権利があるという信念に基づいて実践をします。

　「価値」に基づいた行動指針（どう行動するべきかの考え）が「倫理」で、それを明文化したものが「倫理綱領」です。日本社会福祉士会や日本精神保健福祉士協会など、ソーシャルワークの職能団体にはそれぞれ「倫理綱領」があり、有資格者に対しては、倫理綱領に書かれた倫理基準と行動規範に基づいて実践を行うことを求めています。ですから、SSWもまた、これら倫理綱領を熟知し、ソーシャルワーカーとしての価値と倫理に基づいた実践をしなければなりません。

（2）法律・条約への理解

　加えて、SSWは学校をベースに、子どもの権利保障、特に学習権の保障を実現しようとする専門職なので、これらにかかわる法律や条約を理解し、その趣旨に沿った支援を展開することが不可欠です。特に理解が必要なものとして、教育基本法、学校教育法、児童福祉法、子どもの権利条約などがあります。

　義務教育として行われる普通教育は、「各個人の有する能力を伸ばしつつ社会において自立的に生きる基礎を培い、また、国家及び社会の形成者として必要とされる基本的な資質を養うことを目的とし」（教育基本法第5条第2項）、「学校内外における社会的活動を促進し、自主、自律及び協同の精神、規範意識、公正な判断力並びに公共の精神に基づき主体的に社会の形成に参画し、その発展に寄与する態度を養うこと」（学校教育法第21条第1項）の目標を達成するために行われます。

　児童福祉法では、「全て児童は、児童の権利に関する条約の精神にのっとり、適切に養育されること、その生活を保障されること、愛され、保護されること、その心身の健やかな成長及び発達並びにその自立が図られることその他の福祉を等しく保障される権利を有する。」（第1条）、「全て国民は、児童が良好な環境において生

まれ、かつ、社会のあらゆる分野において、児童の年齢及び発達の程度に応じて、その意見が尊重され、その最善の利益が優先して考慮され、心身ともに健やかに育成されるよう努めなければならない。（以下略）」（第2条）、「前二条に規定するところは、児童の福祉を保障するための原理であり、この原理は、すべて児童に関する法令の施行にあたつて、常に尊重されなければならない。」（第3条）と規定されています。子どもの権利条約は、子どもの「生きる権利」「育つ権利」「守られる権利」「参加する権利」という4つの柱から成り立っています。また、第3条第1項では「児童に関するすべての措置をとるに当たっては、公的若しくは私的な社会福祉施設、裁判所、行政当局又は立法機関のいずれによって行われるものであっても、児童の最善の利益が主として考慮されるものとする。」と定めています。

（3）専門職としての知識・技術

専門職である以上、"子どもへの想い"だけでは十分ではなく、その想いや専門職の価値を具現化するための「知識」と「技術」が必要です。2014年に改訂されたソーシャルワークの国際定義には、「ソーシャルワークは、複数の学問分野をまたぎ、その境界を越えていくものであり、広範な科学的諸理論および研究を利用する」とあります。SSW は、「子どもの最善の利益」を実現するために、様々な実践理論や、制度・政策、社会資源についての知識をもっていなければなりません。

また、SSW はソーシャルワークの技術を駆使して支援を行います。SSW には、子どもやその家族に対する個別支援から、クラスや学校、教員集団などの集団に対する支援、地域社会、制度・政策への働きかけなど、ミクロレベルからメゾ、マクロレベルまで多次元にわたった支援を一貫性ある全体に統合させて行う技術が必要です。

(馬場幸子)

ワンポイントアドバイス

現代日本において子どもを取り巻く状況は複雑化しており、専門的な知識なくしては対応が難しくなってきています。また、SSW が担うべき役割や、立ち向かわなければならない課題、使える資源や実践上の制約は、その時々の社会状況や制度・政策に大きく影響されます。したがって、常に最新の情報を入手し、現在の制度・政策を理解し、それに応じた支援をしていかなければ、SSW の介入が子どもやその家族が直面している困難を軽減するのに役立たないかもしれません。社会の周辺に追いやられ、あるいは社会から排除されてしまっている人々の困難を理解し、権利を擁護しようとする時、現状を批判的に見る（問題意識をもつ）見識と、それに立ち向かっていく戦略が必要です。そして、その戦略はよく考えぬかれたものである必要があり、効果が既に立証されている（科学的根拠のある）ものを使うことが望まれます。SSW としての価値を、専門的知識と技術を活用し実践の中で具現化するためには、継続的な学びが不可欠です。

5 ⃝ スクール（学校）ソーシャルワーク実践スタンダード

（1）スクール（学校）ソーシャルワーク実践スタンダードの必要性

　近年 SSW への期待は高まり、全国規模で SSW が増えつつあります。今後、日本でスクール（学校）ソーシャルワークが定着・発展していくためには、人数確保とともに、全国各地で提供される SSW の質の確保が必要です。質の確保のためには共通基盤となるものが必要です。それが、「スタンダード」です。

　スクール（学校）ソーシャルワーク先進国の米国では、NASW（全米ソーシャルワーカー協会）というソーシャルワーカーの職能団体が、「スクールソーシャルワークサービスのためのスタンダード（Standards for School Social Work Services）」を発行しています。これはいわば「SSW のあり方」を示したもので、定期的に改訂されています。前回改訂されたのは2012年です。

　SSW が行う具体的な支援内容や支援方法は、支援を受ける個人、その家族や学校のニーズ、また、地域性や SSW の雇用形態によっても異なります。しかし、どこで、どのような雇用形態のもとで、どのような内容の支援を行うにしても、全ての SSW が守るべき規範があります。また、SSW が専門職である以上、その専門性を高める努力をしなければなりません。各 SSW がそれらを理解し、「SSW のあり方」が共通認識されていることによって、支援の質が確保され、より個別性、地域性、文化的特性などに配慮した支援が可能になると考えられます。

　日本では、馬場（2017；2020）が、多くの SSW と学習会等を重ね、スクール（学校）ソーシャルワーク実践スタンダード（以下、「スタンダード」）を作成しました。現在「スタンダード」は、いくつかの自治体で活用され、各 SSW が実践の振り返り（省察）を行う際に役立てられています。

（2）（日本版）スクール（学校）ソーシャルワーク実践スタンダード

　「スタンダード」には、SSW は何を大切にするのか、SSW はどう行動すべきかが書かれています。「スタンダード」が目指すものは、SSW の専門性の向上です。
【目的】「スタンダード」は、SSW が業務を行う際の基準や SSW のあるべき姿を示したものです。SSW が、「スタンダード」の活用を通じて、効果的に仕事をするために必要な価値、知識、技術、感受性に関する意識を高めることを目的としています。
【構成】全13項目。各項目、主文と 5 〜 7 の下位項目から構成されています。
　以下に、各項目の主文を提示します。
【Standard 1：倫理と価値】SSW は、ソーシャルワーク専門職として、その倫理

と価値に基づいて業務を行います。また、日本社会福祉士会倫理綱領および日本精神保健福祉士協会倫理綱領を倫理的な決定を行うためのガイドラインとして用います。

【Standard 2：権利擁護】SSW は、いかなる児童生徒も差別することなく、その学び成長する権利の実現ために活動します。

【Standard 3：多様性の尊重】SSW は、地域性や国民性、民族性、個人や集団の特性などを含む文化の多様性を尊重し、児童生徒やその家族が、自らの文化について理解され、適切に対応してもらえる環境の下で支援を受けられることを保証します。

【Standard 4：専門性の発揮】SSW は、全児童生徒の最善の利益を追求するために、積極的にソーシャルワークの専門性を発揮し、活動します。

【Standard 5：アセスメント】SSW は、児童生徒の社会的・情緒的・行動面の成長および学校生活の質の向上を目指します。そのために、個人や家族、学級や学校などのシステムや組織、また、地域のアセスメント（見立て）を行います。

【Standard 6：支援の計画と実施】SSW は、アセスメントに基づき、また、実証された効果的な実践方法を理解して、支援の計画を立て、支援を実施します。

【Standard 7：連携】SSW は、効果の期待できる支援を行うために、保護者や学校教職員および地域の関係者と連携します。連携とは、目標を共有し、協働して取り組むことを言います。

【Standard 8：コンサルテーション】SSW は、児童生徒への支援を行う際、適宜、学校教職員等にコンサルテーション（情報交換や情報提供、助言等）を行います。

【Standard 9：意思決定と実践評価】SSW は、倫理上適切で、根拠のある実践を行うために、データを用いた意思決定と実践評価を行います。

【Standard 10：資格・資質】SSW は、原則として、社会福祉士や精神保健福祉士の資格を持ち、ソーシャルワーク専門職としての知識と技術を身につけています。加えて、学校教育についての基礎的な知識と理解を有しています。

【Standard 11：専門性の向上】SSW は、児童生徒やその家族に対し、最善の実践（ベスト・プラクティス）を行うため、継続的に専門性（価値、知識、技術）の向上に努めます。

【Standard 12：記録】SSW は、実践の過程を、適時に、かつ正確に記録に残し、それらを管理、活用します。

【Standard 13：仕事量の管理】SSW は、効率的かつ効果的に仕事を進められるように、自治体担当者とともに、各自の仕事量を調整します。

出典：馬場幸子『スクールソーシャルワーク実践スタンダード』明石書店　2020

（馬場幸子）

第2章 学校に勤務するスクールソーシャルワーカーの同僚

① 学校に勤務する「教職員」

（1）教員をめぐる現状

　現在、教育現場の状況は大きく変化しています。「令和元年度学校教員統計調査」によると、教員の平均年齢は、公立小学校42.6歳、公立中学校43.6歳となっており、約10年の間に2〜3歳下がっています。さらに、年齢構成は大量採用された50代のベテラン層、その影響で極端に採用数が少ない40代と30代後半の中堅層、再び増えている30代前半から20代の若手層という「ひょうたん型」のアンバランスな構成になっています。その結果、数が少ない中堅層が教務主任や学年主任といった役を担うことになり、多忙な状況に置かれ、若手の面倒を見たり、ベテラン層と若手層をつないだりする役割まで手が回らない状況になってきています。そのため、これまで教員が続けてきた生活指導の考え方や方法、子どもの何を見ることが生活指導につながるのか、などが継承されにくくなっているということも起こっています。使命感や情熱をもつ教員が、あまりの忙しさに疲弊してしまうことも課題です。

（2）教育現場での問題とSSWへの期待

　子どもたちを取り巻く環境の急激な変化は、子どもたちが抱える問題にも大きな影響を与えています。いじめ、不登校、校内暴力等の問題は依然として深刻な状況にあり、特に不登校については、右肩上がりに増加しています。

　かつて、学校での問題は全て教員が責任を負うといった姿勢が見られましたが、1995年9月にスクールカウンセラー制度が実施され、子どもの心の問題をケアするために、各学校に臨床心理の専門家であるスクールカウンセラーが配置されました。しかし、心の問題と共に、子どもが抱えている問題の背景に、家庭や学校、友人、地域社会など、子どもを取り巻く環境の問題が複雑に絡み合い、学校教員だけでは解決困難なケースが出てきました。そのような状況の中で、学校は福祉の専門性と外部性を兼ね備えたSSWに大きな期待を寄せるようになってきました。

（3）問題に対する教員とSSWのとらえ方の違い

　例えば、「いじめをする子は悪い子」「いじめをされる子は弱い子」「親が悪い」というとらえ方をすることがあります。問題が起こるとその理由をすぐに判断し、

その理由だから仕方がないと考えてしまう傾向があるのが教員の弱い部分かもしれません。SSW であれば、子どもの背景には何があるのか、保護者の背景には何があるのか、個人と環境の関係性について時間をかけて見ていくことでしょう。

　一方、教員は授業や行事等の中で、一人ひとりの子どもの力を活かした取組を考え、実行することに長けています。この考え方は SSW のエンパワメントアプローチにつながるものです。

　子どもたちが抱える様々な問題の解決には、子どもの生活を包括的にとらえる SSW の見立てやアプローチが必要不可欠です。そして、学校教職員の強みが支援の方法に活かされることで子ども中心のアプローチが動き始めると思います。

（4）学校の強みを活かした「協働」

　子どもの問題を解決するうえで大切なのは、「SSW に全て委ねるのではなく、学校や関係機関との『協働』によって問題の解決を目指す」ということです。

　学校運営には教員だけでなく、養護教諭、栄養教諭、学校事務職員、スクールカウンセラー、司書教諭、放課後児童支援員など多くの人がかかわっています。その中で、校長のリーダーシップのもと、カリキュラム、日々の教育活動、学校の資源が一体的にマネジメントされ、教員や学校内の多様な人材が、それぞれの専門性を活かして能力を発揮し、子どもたちに必要な資質・能力を確実に身につけさせられることが学校の強みと言えます。

　愛知県一宮市では、2016年にはじめて SSW 事業を導入し、年々、配置体制を拡充しています。2021年度には社会福祉士の有資格者4名、退職校長1名の計5名を配置し、不登校対策に位置づけ、学校の強みを活かしながら、教員、家庭、地域、関係機関の「協働」を合言葉に事業を進めています。図1は、年度当初に教育委員会が全小中学校に配付している資料「SSW の活用について」にある支援体制を表したものです。

　各自治体で配置人数も配置体制も違うと思います。それぞれがもつ役割を明確にし、それぞれの強みを共通理解し、それを活かしながら協働して問題に取り組んでいくことが、子どもを真ん中にした支援を展開するために、何より大切だと思います。

（竹元 巨）

図1　一宮市教育委員会「SSW の活用について」より

② スクールカウンセラー

SC も SSW と同様に学校で働く教職員チームの一員として勤務をします。教職員の一員として学校の体制や方針を理解し、適切な報・連・相をすることや教職員と良好な関係でいることなどが求められると同時に、SC は他の教職員とは違う視点（専門性）を保つことが求められる職種であると言えます。多くの場合において学校に 1 人で入る職種ということも含めて、SC と SSW には共通点も多くあります。

一方で、SSW も SC も"困っている児童生徒に対応できる専門家"という大まかな理解であるためか、実際に勤務をしてみると校内では SSW と SC の専門性・役割や活用についての認識のずれに戸惑う場面もあるかと思います。相談のあった事案に対してより効果的に SSW・SC を活用してもらうために、まずは SC と SSW 自身が互いの専門性を理解しておくことが校内チームの一員として連携する一歩として重要です。

（1）SC の業務について

SC に入る相談内容も、不登校や学習・発達面について、いじめや友人関係、家庭環境、虐待、問題行動など多岐にわたります。そういった相談に対して、SC は心理学を基盤においた視点で支援をしていきます。

```
 8：30〜  SC 担当教員や管理職、担任との情報共有や当日の予定の確認
         参加できていない校内会議の資料などに目を通す、SC だより印刷等
 9：00〜  不登校傾向の生徒の面談（カウンセリング）
10：00〜  授業中の様相観察（事前に気になる生徒について共有）
11：00〜  特別支援委員会に参加
12：00〜  友人関係で悩む生徒と面談
13：00〜  給食（コロナ禍のため職員室）
         昼休み中の校内の様相観察や声掛け
14：00〜  保護者面談（発達面について相談）
15：00〜  不登校生徒宅へ家庭訪問
16：00〜  ケース会議への参加（不登校生徒について）
         教職員との情報共有や今後の方針の検討、業務記録の作成
```

図 2　筆者の SC 勤務のとある 1 日（中学校：2 週間に 1 回、約 8 時間の勤務の場合）

図 2 は筆者の勤務日の一例です。SC の業務として一番イメージをもたれるのはカウンセリングではないでしょうか。SC が行う心理相談（カウンセリング）業務では、対話の中で子どもがありのままの感情を話し、気持ちや問題を整理し、これまでの見方とは違う物事の側面や自分の良い面に気づき、自分にあったやり方をみ

つけていく過程を支援しています。同時に、その子どもが今の状態にある背景（過去の体験、発達面や認知的側面、心身の状態など）を心理の視点からアセスメントします。アセスメントでは保護者や教職員から話を聞くことの他、校内の様相観察や子どもが書いた文章や絵を参考にするなど、子どもの生活の場も含めて広く情報を集め、様々な背景が子どもの心や身体、行動にどのような影響を与えているのか等を見立てていきます。そして、必要に応じてそういった子どもの理解や対応の方法について保護者や教職員へコンサルテーション（助言・援助）を行います。

　SCの業務は、一般に既に表面化した問題への対応を強くイメージされることが多いのですが、実際に勤務をしていて感じることは問題を未然に防ぐことや、早期発見・対応のための取り組みも重要な業務であるということです。具体的には職員研修を通して子どもの理解や対応の幅を広げること、いじめやストレスについてのアンケートに携わること、校内会議に参加することに加え、校内巡回で日ごろの様子を観察しておくことなどもSCの業務に含まれています。

（2）SSWとSCの連携

　教職員から入る相談について、この事案はSSWに相談すべき・SCに相談すべき、という明確な線引きをはじめからするのではなく、入り口はどちらだとしても一緒にその事案を考えていこうとする姿勢が必要です。また、この事案はSCに相談しているからSSWには相談しなくてもよいといった考え方も効果的な活用にはつながりません。次に、それぞれの専門性が活かせたことで、よりきめ細かな支援につながった中学校での一事例をご紹介します。

　担任から「友達とのトラブルが多く、落ち着きがない」という内容でSCに相談が入りました。SCがその生徒について心理的な視点でアセスメントを行う中で、発達面や生活環境に課題があり、日ごろから大きなストレスを感じている可能性が推察されました。そのため管理職やSSWも含めたケース会議を行い、SSWからは福祉の視点で、その家庭がどのような制度を使えるかなどを具体的に提案してもらいました。保護者が"予約の取り方"や"今の状況をうまく関係機関に伝えられるか"について不安をもたれていることを伝えると、社会資源を安心して利用できるよう、SCと保護者との面談にSSWも同席し、SSWは同行支援を行うなど環境調整を担当されました。SCは定期的にその生徒のカウンセリングを実施した他、生徒の行動の裏にある気持ちの理解や、発達課題に対する必要な支援などについてコンサルテーションを行い、生徒の見守りを続けました。

　今後もSSWとSCが学校内のチームの一員として教職員と連携することがよりいっそう求められます。SSWやSCがかかわる際に、目的や役割分担を一緒に整理しながら、効果的な活用に向けて協働していく姿勢が重要です。

（大場綾沙美）

3 スクールロイヤー

（1）スクールロイヤーの登場

　大阪府では、2013年からスクールロイヤー（以下、SL）制度が始まっています。その歴史の始まりは、2001年に、大阪府教育委員会が、学校からの支援要請に応じて、弁護士と社会福祉士（ソーシャルワーカー）等の専門家を学校のケース会議に派遣する「子どもサポートグループ」を設置したことに端を発しています[1]。これを機に、司法と福祉の専門家が学校のサポート役として学校・教育にかかわるようになったと言われています。その後、2005年には、大阪府教育委員会の SSW 配置事業につながり、2008年には、文部科学省による全国的な SSW 活用事業へと展開していきました。SL 制度は、この延長線上に位置づけられると言えるでしょう。

　現在、SL には、いじめ防止対策推進法およびいじめの防止等のための基本的な方針などで定められた対応になっているのかどうかの判断、いじめにかかわる事実の調査・認定における役割のニーズは高まってきています。しかし、SL が活用される場面は、それだけではありません。

（2）スクールロイヤーの役割

　SL と聞いて、皆さんはどのようなイメージを抱かれるでしょうか？「何を相談したら良いのだろう？」「法律の問題でないと相談できない（法律の問題はないな）」「ハードルが高い」「こんなくだらないことを質問したら怒られそう」という感想が SSW からはよく寄せられます。でも、実は、SL は、純粋な法律問題だけを扱っているわけではありません。

　最近では、「激昂した保護者から土下座で謝罪しろと言われましたが、そうしないといけないのでしょうか？」という相談がありました。弁護士の回答としては、「土下座をする必要はありません（違法な強要に当たるから）」が正解でしょうが、それだけでは、目の前の問題は解決しません。SL としても、「なぜ土下座まで求めるのか？」「その背景にある本当のニーズは何か？」が気になり、これを探求します。それは、

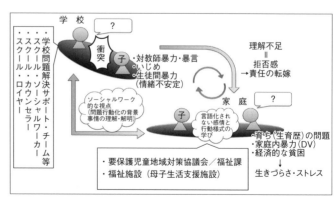

図3　学校問題の増幅システム（筆者作成）

1）峯本耕治「愛情・安心・安全に包まれた学校環境をつくる〜スクールロイヤーの思い」金澤ますみ・長瀬正子・山中徹二編著『学校という場の可能性を追究する11の物語』明石書店　36〜37頁　2021

SL が「適法か違法か」だけの二極化された答えだけを導き出すものではなく、「紛争の解決・調整」を目指すからです。

　図3は、教育現場で起きている事象だけから解決を求めても困難で、その事象の背景を読み解かないと不信感の連鎖から解決が遅れ、時には事象が重篤化する構図の一例を示しています。例えば、その衝動性や多動性から起こる問題行動ととらえられるものであっても、生育歴を丁寧に追っていき、「いつから見られるようになったのか？」を見たとき、生来の特性からなのか、愛情不足からの渇望なのか、経験のなさからなのか、判断がつくことで対応も変わってくるのではないでしょうか。

　そのため、SL は次の3つの視点をもっていることが重要です。

①法的視点：単に法律知識等に基づく対応という意味ではなく、より広い意味で「紛争解決や調整」の視点をもつ。
②スクールソーシャルワークの視点：家庭・親子環境や学校環境、友人関係などの環境要因や背景の理解（スクールソーシャルワークのアセスメントの視点の活用）。
③子どもの最善の利益の視点：「子どもが安定して学校に通い、学ぶことができる環境」を保障して回復する。

　このように、SL も、SSW と同じく背景事情の読み解き（アセスメント）の技術を活用することで、プランニングに、より強く「紛争の解決・調整」の視点を入れた助言（コンサルテーション）が可能となります。この助言は、早期に紛争の危機を発見し、紛争が複雑化・重篤化することを回避することにも役立ちます。図4は、教育現場で見られる紛争の発展性・進展性を時間軸で示したものです。図5は、各過程で紛争が発展・進展していく原因を示しています。早期に紛争の危機を発見し、紛争が複雑・重篤化することを回避できれば、SSW としても、本来の保護者や児童生徒とのかかわりに注力できることにもつながるでしょう。

（笠原麻央）

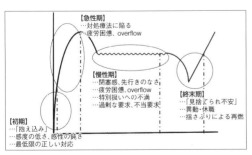

図4　紛争の急性期・慢性期・終末期の時間軸（筆者作成）

■初期対応の取り違い型
・事実認定ができない事例（証拠の不在、言い分の齟齬、保護者・家庭との信頼関係の脆弱さ etc.）
・当該児童・生徒、保護者・家庭に対する予断がある事例（普段は周囲に迷惑をかけている存在、以前にイチャモンで振り回された etc.）
・当該児童・生徒、保護者・家庭の主訴をとらえられていない事例
・組織対応ができず、教員個人の抱え込み事例
・現場教員を取り残し、管理職のみで対応（成功事例、失敗事例）
■紛争解決のためのロードマップが書けていない型
・児童相談所への相談・通告、警察への被害届けが功を奏さない
・限界（「枠」）設定の失敗→イチャモン→対処療法に陥る
・誓約書、念書の差し入れ
■紛争の外縁が見えなくなってしまっている型
・加害と被害の対立構造の中、仲裁を任されてしまっている事例
・LINE、インスタなど、SNS の中でのトラブルを持ち込まれる事例

図5　基礎的な対応について～「大外し」をして紛争を拡大させないための視点～（筆者作成）

④ 学校医

（1）学校医の役割

　学校に学校医を置くことは、「学校保健安全法」第23条に明記されており、同条によれば、学校医は、学校における保健管理に関する専門的事項に関し、技術および指導に従事する医師です。その具体的な役割は、「学校保健安全法施行規則」第22条を参照。同条を読み解けば、学校医は、学校に対して、子どもたちの立場に根ざしながら、医学的見地に基づいた手助けを行う存在であると言えるでしょう。

```
「学校保健安全法施行規則」第22条
１）学校保健計画および学校安全計画の立案に参与すること
２）学校の環境衛生に関する必要な指導と助言
３）健康相談
４）保健指導
５）定期健康診断および臨時健康診断
６）疾病の予防処置等
７）感染症および食中毒に関する指導・助言および予防処置
８）校長の求めにより救急処置に従事すること
９）市町村教育委員会および学校の設置者の求めによる就学
　　時の健康診断、職員の健康診断に従事すること
10）その他、学校保健管理に関する指導（健康教育を含む）
　　に従事すること
```

　学校医の役割は、大きく２つあることがわかります。

　１つ目は、マクロな視点で学校全体の環境衛生や予防体制にかかわること。

　２つ目は、ミクロな視点で、健康に問題のある生徒について個別の健康相談や指導を行うことです。

　学校医は、この２つ目の役割でSSWとかかわることが多いでしょう。生徒の健康問題を考えるうえで重要なことは、学校で起きていることだけでなく、その子どもの生活全体に目を向けることです。学校医が、子どもたちの生活のあらゆる面に効果的にかかわることができれば、SSWの負担を減らしつつ、SSWがかかわる問題を解決しやすくしてくれる心強いパートナーとなることは疑いようもありません。

（2）学校医のかかわり例

　例として、不登校の子どもへの対応について考えてみましょう。このような場合、まず学校医に、子どもの症状、学校や家庭で起きている問題、人間関係や家庭環境、子どもの性格や発達特性、子どもや家族の希望や問題意識などを踏まえて相談をします。必要に応じて適切な医療機関の紹介を受け、時には診断を確定し、その子どもの今後の私生活や学校生活において必要なサポート体制を共に検討する、というような関係性を築くことができれば理想的です。普段から学校にかかわっている医

師であれば、個別の事情を理解したうえで、校区の地域的な特徴や校舎の立地や構造、教育体制の特徴などを踏まえて、医学的裏付けを根拠として、施策の立案や優先順位づけを手助けできます。

　しかしながら、SSWからは、「学校医は忙しいので、会う機会が限られてしまう」といった声や、「それは学校医の仕事ではない、専門分野ではないなどと言われてしまいそうで、気軽に相談できない」といった声などを聞くこともあり、SSWと学校医との双方の理解や連携が十分でない現状もしばしば見られるようです。確かに、学校医は地域のクリニックの医師であることが多く、日々の業務に忙殺されがちで、なかなか学校医のほうから能動的に学校にかかわる機会をもつことが難しいという背景はあるかもしれません。

（3）学校医も「チームの一員」に

　そこでSSWには、学校医との緊密な連携を実現し、子どもの生活のサポートをより強固にするために、学校医を輪の中に引き込むことを普段から意識していただきたいと考えています。学校保健委員会を定期的に開催し、子どもたちの健康課題を普段から共有し協議する場をつくることは有効です。しかしながら子ども個別の問題は、プライバシーの問題などがあり委員会メンバー全体で共有しづらいこともあるはずなので、そのための小委員会などを設置し、ケースカンファレンスを定期開催する必要があるでしょう。その時に、顕在化した問題だけでなく、潜在的な問題についても共有し、積極的に学校医に意見を求めるとよいかもしれません。また、より具体的に問題を共有し解決策を練るための議論を活性化するために、子どもに既にかかわっている主治医など多職種に参加してもらうことも時には必要かもしれません。

　学校医の2つの役割を先に述べましたが、ミクロな視点で浮かび上がる問題点は、マクロな視点にも必ず関連するものであり、時には今まで見えてこなかった施策にも結びつく可能性があります。もちろん、マクロな視点で生まれた施策や教育環境調整では、うまく適応できない子どももいて、個々に対応できる対策も必要でしょう。いずれにしても学校生活を、集団生活と一括りに考えることはできないということで、一人ひとりの子どもたちが適応できる教育環境を考えることが大事であり、そのためには、学校生活だけでなく子どもの生活全体に目を向ける必要があると思います。全ての子どもたちがより健康な生活をおくるために、既存の型ややり方にとらわれず、学校医を含めた各関係者がより力を発揮し、協働できる場が増えていけばと願うばかりです。

（利根川尚也）

第3章 子どもや家庭の社会資源と学校の関係

① 校種によって広がる連携先

　学校が子どもの安心安全な場所となるよう、教職員は保護者と協力し、時には地域の機関と連携していきます。しかしながら、教員は地域の専門機関や制度の存在を知る機会がなく、機関の名称は知っていてもその具体的な役割がわからないということが少なくありません。そこでSSWは、教員と保護者の関係をつくりつつ、学校が地域のネットワークの一員になれるような活動をしていきます。

　ここでは、小学校・中学校・高等学校を子どものライフステージととらえ、それぞれのステージで子どもが自分らしく過ごせるよう、そして次のステージに進めるように制度や仕組みと子どもと学校がどうつながっていくかを説明します。

（1）小学校

　小学生は、保護者の意向が強く反映し、家庭生活の不具合が学校生活に大きく影響します。また、子どもの言葉での表現を大人ができないこともあり、子どもは行動で表現することもあります。そのため、学校と保護者との協力関係が重要になってきます。

　小学校のステージに進む前には、多くの子どもが保育所・幼稚園等に通っています。園と小学校で申し送りはしますが、特に気になる子どもは、就学前検査で学校の相談とつながっていたり、要保護児童対策地域協議会（以下、要対協）でモニタリング対象になっていたりすることが多いです。

　学校は、就学については教育委員会の担当部署や保護者に了解をもらって医療・福祉の専門機関と連携していきます。要対協については、市役所の子育ての担当部署、児童相談所等と連携していきます。気になる子どもが小学校在籍中にこれらの機関とかかわることはよくあります。

　そのほか、放課後児童クラブ・放課後等デイサービス、子どもの貧困対策の学習支援・こども食堂といった子どもが地域でかかわる機関と連携することもあります。

　また、主任児童委員・民生委員・保護司と定期的に情報交換会を設けている学校もあります。地域との情報共有は、学校が家庭とつながる糸口にもなります。

　さらに、教育の分野における相談・支援として教育委員会の相談機関や制度、特別支援学校の地域連携部門は、教員の相談にも応じることができるので、教員は助言を受け入れやすく、指導の助けとなることが期待できます。

（2）中学校

　中学生は、自我が強まり、自立したいけれど一人では難しいという現実に直面します。小学校から中学校への大きな環境の変化、単独で行動する範囲の広まり、卒業後の進路と高校受験は、子どもに緊張を強います。ネットトラブルや性的課題といった生徒指導上の問題も表出します。だからこそ、子どもが大人を信頼して相談することができるような体制づくりは不可欠です。

　中学校は、小中連携で入学前に小学校の情報を受けますが、一人ひとり詳細にはされません。課題のある子どもは、入学前の支援状況を確認してネットワークを再構築します。生徒指導上の問題から、警察の生活安全課、法務少年支援センター、弁護士が加わることもあります。

　また、卒業後の進路も見据えた学校生活を考えることも必要です。例えば、生活保護受給世帯の子どもは、高校進学時の生活保護の具体的な支援を確認します。進路の決まらない生徒を若者サポートステーションや保健所にリファーすることもあります。次のステージにある狭間に落ちないように支援することが大切です。

（3）高等学校

　高校生は、自分の言葉で語る力をもつようになります。卒業後の進路は、大人のステージに上がる大切な1歩です。SSWは、子どもが自分の人生を切り開けるように自立支援を目的にワークをしていきます。

　高等学校は義務教育課程と管轄する教育委員会が異なることから、必要な場合は入学前後に中学校や居住地域の支援者との丁寧で密な引き継ぎが必要となります。

　さらに、高等学校は、卒業に至るまでに出席日数と成績というハードルがあります。学校が居住地と離れている子どもが多いため、家庭や地域の様子が学校にほとんど伝わらず、学校では配慮できない事情もあります。中学まで学校と連携してきた機関とのつながりが途切れることも見受けられます。さらに、子どもと大人の狭間で法律や制度の壁に阻まれます。生活保護制度では、高校生活の留年は認められません。義務教育課程より厳しい環境下で、本来支援の必要な子どもに支援が届かないまま指導対象になり、学校から処分を受けてステージを降りることもあります。

　高等学校のSSWは、こうした環境を念頭に活動します。卒業までの期間を意識しつつ子どもの自立と自律を目指して、子どもとの面接、子どもも参加するケース会議、学校の指導との折り合い、年齢と居住地に合わせた社会資源との連携、保護者への説明等、より広範囲で丁寧なワークが求められます。卒業後、もしくは中退後、子どもが安心して大人のステージに上がれるようイメージしています。

（杉原里子）

② 機関連携と個人情報保護

（1）個人情報とプライバシーの関係

　個人情報保護法における個人情報とは、氏名・生年月日その他の記述等により特定の個人を識別することができるものをいい、「個人識別性」に着目した定義になっています。そこでは、情報の種類によって区別はされてはおらず、一般に他人に知られたくないような情報であるか否かなどを問わないものとされています。

　したがって、例えば、「東京市役所に勤務している、法律甲太郎さん」（架空）という人のメールアドレスが「koutarou.houritu@toukyou.city.ed.jp」（架空）のように、個人名を使っていて、所属を表示するものであれば、個人識別性があるので個人情報に該当します。しかし、「abc123@email.com」であれば、個人を特定できる情報が含まれていないため個人情報とは言えません。ただし、法律甲太郎さんという氏名と「abc123@email.com」が同時に扱われるときには、このメールアドレスも個人を識別できるようになるため、個人情報に該当することになります。

　これに対し、プライバシーとは「私生活をみだりに公開されない法的な利益・権利」と理解されています。したがって、この範疇の個人にかかわる情報は本来は個人情報保護法ではなく、守秘義務や一般不法行為で扱われる問題となります。

（2）関係機関との連携の必要性

　SSW の職務として、児童生徒や保護者のニーズを把握して、その支援を展開するとともに、学校や自治体をはじめとする関係機関への働きかけを行うことなどが求められています（児童生徒の教育相談の充実について〜学校の教育力を高める組織的な教育相談体制づくり〜〔報告 9 平成29年 1 月〕）。そして、関係機関への働きかけにあたっては、情報の提供・共有、ケース会議が必要になりますが、通常は、氏名や年齢、所属・在籍など、特定の個人を識別することができる状態で行われることから、法律上、個人情報とプライバシーを同時に扱っていることになります。そして、個人情報を扱っている以上は、個人情報保護法の規制の下、「本人の同意」が不要とされる場合に該当するのかどうか（要保護児童対策地域協議会での情報提供・情報共有のような、「法令に基づく場合」など）、留意する必要があります。

（3）守秘義務・情報漏洩との関係

　教育委員会で雇用される SSW の服務や身分に関しては、地方公務員法が適用されるのが一般的です。そこで、SSW が遵守しなければならない義務には以下のものが挙げられます。

> ・地方公務員法第35条（職務専念義務）
> ・地方公務員法第32条（法令等および上司の命令に従う義務）
> ・地方公務員法第33条（信用失墜行為の禁止）
> ・地方公務員法第34条（秘密保持の義務）

　学校教育法施行規則の改正（平成29年4月1日施行）で、SSWは、学校における児童の福祉に関する支援に従事する学校職員としての位置づけが明確になりました。したがって、雇用元・雇用形態は様々にあり得ますが、学校内で情報共有することには問題はありません。ただし、教育委員会以外の部局で雇用される場合、そこで知り得た個人情報とプライバシーを雇用元と共有するときには、第三者提供に該当したり利用目的が変わったりすることがあるため、注意が必要です。雇用元との情報共有について、法令遵守の確認をしておくことが大切です。

　なお、私立学校に雇用される場合には、雇用契約書や就業規則のほか、個人情報保護規程（各種マニュアルを含む）などを確認しておくとよいでしょう。

（4）検討事例

　確かに、関係機関との連携が進めば児童生徒の支援は大きく前進する可能性が高くあります。しかし、情報の提供・共有やケース会議の有用性・必要性が高いからといって、そのことから直ちに、本人の同意がないままに個人情報やプライバシーを扱って良いことにはなりません。

　基本的人権は、人間が人間として生きていくための不可欠な権利であり、人が生まれながらに当然もっている権利である、と説明されます。その根底にあるのは、「個人の尊重」です。「一人ひとりの人間を大事にする」という認識です。

　右に、守秘義務と情報漏洩が問題となる典型的な事例を挙げますので、考えてみてください。

（笠原麻央）

社会の情報化の進展に伴い、個人にまつわる情報を利用した様々なサービスが提供され、私たちの生活は利便性を増していますが、その反面、学校などの教育場面を始めとして、インターネット上に個人にまつわる情報（プライバシー・肖像権を含む）が流出するなど、個人にまつわる情報の漏洩が後を絶たず、プライバシーに関する不安も高まっています。

他方、いじめ問題や児童虐待など、有用な個人にまつわる情報の取り扱いに戸惑う場面も見受けられます。

基本的人権
（保護）

個人に
まつわる情報
（有用性）

図6　問題の所在（筆者作成）

軽度知的障害が疑われる児童を抱え、生活保護を受給するひとり親家庭（母子）。障害特性の理解を巡って、保護者が学校に不信感を深めていたところ、担任から特別支援学級への転籍を勧められたことで、教師と保護者との関係性が途絶え、当該児童は不登校の状態になってしまう。

学校としては当該児童の進路、進学のことを心配し、また、安否確認のために家庭内の状況を知りたいと思い、家庭訪問を繰り返すも玄関先で追い返される状態で当該児童には面会ができていない。この家庭には生活保護課のケースワーカーがかかわっており、保護者は、このケースワーカーを信頼している。そこで、学校としては、生活保護課のケースワーカーと情報交換を行い、可能であればケースワーカーから登校の促しや登校のための条件を聞き出したいと思っている。

①子どもの安否確認、②室内の様子（清掃されているのか、食事の準備はされているのかetc.）、③保護者が登校のための条件をどのように考えているのか、何処までの範囲であれば、情報交換ができるのでしょうか。

?

図7　「個人情報保護・守秘義務」の仮定事例（筆者作成）

❸ 要保護児童対策地域協議会における学校の役割

（1）要保護児童対策地域協議会とは

　子どもが表出する問題の背景には、家庭が抱える様々な生活上の困難があり、そのために保護者が子どもと適切に向き合えなくなっていることが多いのが実情です。子どもの成長を応援するためには、このような家庭が抱える困難を解消して家庭にゆとりを回復する支援が必要になります。

　しかしこの支援は単一の機関だけでは行えません。地域には様々な支援機関があり、これら地域の多様な支援機関が子どもと家庭にかかわって、そのもてる機能を発揮することで、家庭の状況を改善することが可能になります。こうした地域での支援が有効に機能するためには、関係する機関や支援者が認識を一致させ、足並みをそろえて支援の手を差し伸べる必要があります。そこで求められるのが地域のネットワークによる支援であり、その仕組みとして児童福祉法に定められているのが要保護児童対策地域協議会（以下、要対協）です。要対協は2004年の児童福祉法改正で法定化され、現在ではほとんどの市区町村に設置されています。学校は、その重要な構成機関の一つなのです。

（2）要対協の目的と特徴

　要保護児童とは「保護者のない児童又は保護者に監護させることが不適当であると認められる児童」と、児童福祉法に定義されています。想定されるのは、虐待を受けている子ども、非行問題のある子ども、養育に行き詰まりのある家庭の子どもなどです。こうした要保護児童を早期発見し適切な保護や支援を図ることが必要であり、そのための情報交換や支援内容に関する協議を行うのが要対協の目的です。

　この情報交換を円滑に行えるようにするため、児童福祉法では要対協の参加機関に対して守秘義務を課しています。そのため、要対協内での個人情報の交換は守秘義務違反に問われることはなく情報共有を積極的に行うことが求められています。

　支援の対象は拡大されてきており、特定妊婦（出産後の養育について出産前において支援を行うことが特に必要と認められる妊婦）および要支援児童（保護者の養育を支援することが特に必要と認められる児童）が追加されて現在に至っています。

　要対協の会議構成は市区町村によって異なりますが、おおむね表１のような三層構造で運営されています。

（3）要対協における学校の役割

　具体的な事例で考えてみましょう。Ａちゃんは小学校３年生で、登校したりしな

かったりが続いています。欠席の日に学校から家庭に電話をしても連絡がとれません。登校した日には、給食を人一倍食べる様子が見られたり、学用品が整わない状況が続いたりします。家庭は母親と幼児の弟の3人家族です。Aちゃんが幼児の弟を夕方遅く連れて歩いている姿を地域住民がよく見かけていたようで、民生委員から学校に連絡がありました。養育状況を心配した学校は、市の子ども家庭課に要保護児童通告を行い、関与を依頼しました。

　市の子ども家庭課では要対協の事例として取り上げて関係機関から情報を収集しました。実は母親はDVを受けたために離婚しており、その影響で精神的な不安定さを抱えていました。就労が困難なため生活保護を受給しています。弟の乳幼児健康診査が未受診だったため、保健師が家庭訪問を実施したことがわかりました。そこで、家庭への支援を検討するための個別ケース検討会議を開催しました。

　学校はじめ、生活保護担当や保健師、市の子ども家庭課、そして民生委員が集まりました。弟を保育園につなげてAちゃんの負担を軽減すること、学校と子ども家庭課とで登校の支援を行うこと、保健師と子ども家庭課相談員が家庭訪問しながら母親の話を聴き、精神的なケアにもつなげること。必要ならヘルパーの派遣も検討することなどを通じて、支援のネットワークの中でAちゃん家族をサポートし、その成長を応援する取り組みを継続することが確認されました。また、定期的な会議開催により家庭状況と支援の進捗状況を確認することとしました。

　学校は他の支援機関につなげる基点になりました。このように、学校は要対協の場を積極的に活用し、学校の教職員も支援者の一員として子どもと家庭に対する支援を検討していくことが重要です。SSWは要対協と関係機関の機能を理解して、支援のネットワークにつなげるように努めることが求められます。

(川松　亮)

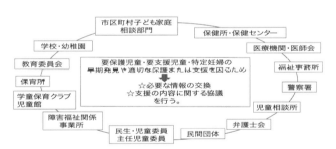

図8　要保護児童対策地域協議会の代表的な参加機関と目的（筆者作成）

表1　要保護児童対策地域協議会の一般的な会議構成（筆者作成）

代表者会議	要対協構成機関の代表者による会議で、当該自治体における要保護児童等の支援システム全体の検討などを行う。
実務者会議	要対協構成機関で実務の中心を担っている者による会議で、要対協登録事例の支援状況の確認（進行管理）などを行う。
個別ケース検討会議	個別の事例に直接かかわっている担当者による会議で、具体的な支援の内容などを検討する。

※本節の図はQRコードからダウンロードできます。

❹ 児童相談所の機能

（1）児童相談所の目的

　児童相談所は児童福祉法のもとに設置されている行政機関であり、厚生労働省が発出している児童相談所運営指針に基づいて運営されています。同運営指針ではその目的として、「子どもに関する家庭その他からの相談に応じ、子どもが有する問題又は子どもの真のニーズ、子どもの置かれた環境の状況等を的確に捉え、個々の子どもや家庭に適切な援助を行い、もって子どもの福祉を図るとともに、その権利を擁護することを主たる目的」[1]とすると述べています。子どもの権利擁護のために子どもと家庭を支援するのが児童相談所の役割です。

　児童相談所の設置者は、都道府県・政令指定都市・児童相談所設置市（一部の中核市や特別区）で、それぞれの組織形態や運営状況は自治体によって異なります。

（2）児童相談所が有する機能

　現在の日本の子ども家庭相談の仕組みは、児童相談所と市区町村とがそれぞれに対応する二層制をとっています。その中で児童相談所は、専門的な知識や技術を要する相談に対応するとともに、市区町村に対する助言や援助を行うのが役割とされています。また、児童相談所長には一時保護の権限があり、子どもの安全を確保するとともに、子どもの状態や養育状況についてアセスメントすることをその目的としています。

　この児童相談所にしかなし得ない機能を迅速的確に行使しているかどうかが問われます。さらに、里親委託や施設入所措置あるいは在宅での指導措置を行う機能を児童相談所は有しています。

（3）児童相談所の相談種別と相談の流れ

　児童相談所が受ける相談の種別は、表2のように多種にわたります。子どもの虐待相談はその中の養護相談に含まれ、2019年度は全相談件数に占める虐待相談の割合は約36％でした（厚生労働省2019年度福祉行政報告例から計算）。

　児童相談所が相談を受けた後の対応の流れは、図9のようになります。児童相談所の支援を担う職員としては、社会調査や子どもおよび家族の面接を行う児童福祉司、子どもの心理診断や子どもと家族のカウンセリング等を行う児童心理司、医学的な診断やアドバイスを行う児童精神科医、法的対応について助言する弁護士、その他に保健師などがおり、多職種のチームにより児童相談所の専門性は維持されています。

1）厚生労働省児童家庭局長通知『児童相談所運営指針』

表2　児童相談所の相談種別（厚生労働省児童家庭局長通知『児童相談所運営指針』から筆者作成）

相談種別	相談内容例
養護相談	保護者の家出、失踪、死亡、入院等による養育困難、虐待、養子縁組等に関する相談
保健相談	未熟児、疾患等に関する相談
障害相談	言語発達・知的障害・発達障害・重症心身障害等に関する相談
非行相談	ぐ犯行為、触法行為、問題行動のある子ども等に関する相談
育成相談	しつけ、家庭内暴力、不登校、進学適性等に関する相談

図9　児童相談所の相談の流れ（筆者作成）

（4）学校と児童相談所との連携協働

　具体的な事例で考えてみましょう。Aさんは高校2年で登校状況が不安定でした。登校すると保健室で過ごすことが多く、信頼している養護教諭に家庭生活でのつらさを話すことがありました。Aさんは父親から有名大学への進学を強要され、自宅学習の進捗を厳しく管理されていました。母親は父親に逆らうことができず、時に母子共に暴力を受けていました。Aさんの情緒的な不安定さを心配した養護教諭は、SSWと校長と相談し、Aさんを伴って児童相談所を訪れました。児童相談所では弁護士とも相談して、弁護士会が運営している子どものシェルターにAさんを一時保護委託しました。そして児童福祉司は弁護士と共に家庭に連絡を取り、父母に対してAさんへの対応の改善を求めました。Aさんは里親宅に一時保護委託場所を移して高校への登校を保障し、高校のSCもかかわりながらAさんへの心理的なケアを行いました。児童相談所と弁護士の働きかけを受けて、父母との話し合いを繰り返す中で、Aさんは家庭復帰しながら、高校の心理的サポートと児童相談所への定期通所により支援を継続することになりました。

　学校は子どもの困難な状況に気づける最も身近な機関であり、子どもの声を聴き必要な支援につなげることのできる基点となる場でもあります。SSWは児童相談所の機能を把握して学校職員にそれを伝え、支援につなげるために校内での働きかけを行うことが求められます。

（川松　亮）

※本節の図表はQRコードからダウンロードできます。

⑤ 社会的養護で育つ子どもと学校の関係

（1）社会的養護とは

　子どもは、どのような場所に生まれても、その育ちが豊かに支えられるよう子どもの権利が保障される必要があります。1989年、国連は、子どもの権利を包括的に示した子どもの権利条約を採択しました。日本は、1994年に批准をしたものの、その理念を盛り込んだ法律は長年ありませんでした。2016年5月、ようやく子どもの権利の理念が盛り込まれた（第1条）改正児童福祉法が施行されました。そこでは、子どもの保護者は児童の養育の第一義的責任を負うこと（第2条）、国・地方公共団体は保護者を支援することが明文化されました（第3条の2）。そして、保護者が養育を担うことができない場合には、子どもが良好な家庭的環境で育つことができるよう必要な措置を講じることも示されました（第3条の2）。

　社会的養護は、上記に述べた児童福祉法の理念を実現する営みといえるでしょう。厚生労働省は、「社会的養護とは、保護者のない児童や、保護者に監護させることが適当でない児童を、公的責任で社会的に養育し、保護するとともに、養育に大きな困難を抱える家庭への支援を行うこと」であり、その基本理念は、「子どもの最善の利益のために」と「社会全体で子どもを育む」としています[1]。

（2）社会的養護の原理

　社会的養護では、次の6点をその営みの原理として位置づけています[2]。それは、①家庭養育と個別化、②発達の保障と自立支援、③回復を目指した支援、④家族との連携・協働、⑤継続的支援と連携アプローチ、⑥ライフサイクルを見通した支援です。

（3）機関からみた学校

　図10は、学校と社会的養護の接点を示しています。教員の通告や相談によるケースは社会的養護の範疇となりますが、図11で示すように、そのうち虐待を理由として代替養育で育つことになる子どもは2.1%です[3]。同じ児童福祉施設でも保育所のように誰もが足を踏み入れる場所ではないことや、教員養成課程で学ぶ機会がないといった現状からも、社会的養護の営みを知る人は決して多くありません。

　このような現状において、まずは、SSWや教員が社会的養護について知ること、理解を深めることが求められるのではないでしょうか。社会的養護および代替養育とは何か、そこを必要とする子どもや家族の背景、求められている支援を知ることにより、目の前の子どもたちに寄り添う手掛かりを得ることができます。日本社会

1）厚生労働省ウェブサイト http://www.mhlw.go.jp/stf/seisakunitsuite/bunya/kodomo/kodomo_kosodate/syakaiteki_yougo/index.html（アクセス日：2021年3月23日）
2）厚生労働省『社会的養育の推進に向けて』（2022年3月）

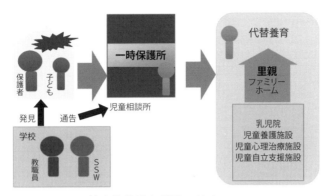

図10　社会的養護と学校の接点（筆者作成）

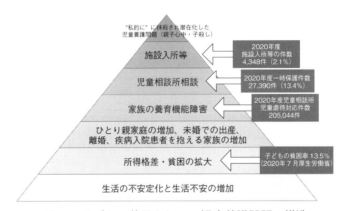

図11　子どもの貧困としての児童養護問題の構造
（浅井春夫編著『子ども福祉』建帛社　2007年　5頁　を筆者が加筆修正）

では支え合う関係性の筆頭に家族があげられることが多いのですが、全ての家族が
そのような状況にあるとはいえません。子どもの置かれている社会環境を見渡しな
がら、必要な支援を考えていく必要があります。

（長瀬正子）

【参考文献】
・月刊福祉「My Voice, My Life」企画委員会『My Voice, My Life 届け！社会的養護当事者の語り』
　全国社会福祉協議会　2022
・栄留里美・長瀬正子・永野咲『子どもアドボカシーと当事者参画のモヤモヤとこれから』明石書店
　2021
・金澤ますみ・長瀬正子・山中徹二『学校という場の可能性を追究する11の物語 学校学のことはじめ』
　明石書店　2021
・Childrens's Views and Voices ＋ 長瀬正子『社会的養護の当事者支援ガイドブック－ CVV の相
　談支援』Children's Views and Voices 2015
・渡井さゆり『「育ち」をふりかえる』岩波ジュニア新書　2014
・りさり『きみとうたった愛のうた』新書館　2014
・西田芳正・妻木進吾・長瀬正子・内田龍史『児童養護施設と社会的排除』解放出版社　2011
・東京養育家庭の会みどり支部・坂本洋子『わたしたち里親家族！』明石書店　2008

⑥ よくある生活保護制度の誤解

（1）はじめに

　日本では、生活保護を利用する資格がある人のうち、実際に利用している人は1〜2割程度と言われています。誤解や知識不足、制度に対する偏見や恥の意識等から、利用資格のある人のうち8〜9割が受給しそこなっているのです。

　子どもたちが抱える問題の背景に「生活困窮」「経済問題」がある場合、生活保護は極めて強力な解決策になり得ます。生活保護を受けると、自己負担なく医療を受けられるなど、生活の基盤が劇的に安定します。生活保護の利用に結びつけられないか、必ず検討しましょう。

（2）よくある生活保護制度の誤解

■福祉事務所に相談に行って断られた以上ダメ

→残念ながら、今の日本の生活保護の窓口では、職員の知識不足等による違法な追い返し（水際作戦）が少なからずあります。生活保護法は「申請権」を保障しているので、役所の窓口に行って、「生活保護を申請します」と言えば、原則14日（最長30日）以内に決定しなければなりません。各地に弁護士等でつくる生活保護支援ネットワークがあり（脚注の日弁連パンフレット参照）、弁護士の同行費用が法テラス（日本司法支援センター）から支給されることもあります。

■給料や年金などの収入があるとダメ

→給料や年金などの収入があっても、それが、世帯ごとに算出される「最低生活費」より少なければ生活保護は利用できます。給料の場合は「基礎控除」によって手取りは「最低生活費」より多くなります。

■年が若い（働く能力がある）とダメ

→生活保護に年齢制限はありません。若くて健康でも、仕事を探しても見つからない人は生活保護を利用できます。

■持ち家だとダメ

→持ち家（自宅）があっても、特に高価（地域によって時価2,000〜3,300万円）でない限り、生活保護は受けられます（ただし、ローン付き住宅は別です）。

■親・きょうだい（扶養義務者）がいるとダメ

→親族の扶養（仕送り等）は生活保護利用の前提条件ではなく、実際に仕送りがされた場合に、その分、保護費が減額されるだけです。仕送りの期待ができる親族に送られる照会文書についても、申請者が拒否している場合には特に丁寧に聞き取りを行うこととされています（脚注の申出書を参照）。

・日弁連パンフレット『「実は少ししんどい」あなたへ あなたも使える生活保護』（日弁連HPでダウンロード可）
・『必携・法律家・支援者のための生活保護活用マニュアル』（生活保護問題対策全国会議HPから購入可）

■**家賃が高いとダメ**

→地域ごとに定められた住宅扶助の基準までしか家賃の補助が出ないだけで、生活保護自体は受けられます。基準内の家賃の物件に転居するための引越代や新住居の敷金・保証金等も保護費から支給されます。

■**車があるとダメ**

→国の通知でも、車の価値が低く、①１年程度で再就職が見込める場合、②早朝深夜の通勤、障害者の通勤・通院、事業用に必要等の場合には認められています。

（3）生活保護世帯の高校生のアルバイト料

□**申告すれば全額有効利用できる**

　生活保護世帯が収入を得ると、収入認定によって保護費が減額されるのが原則です。しかし、高校生のアルバイト料は、役所に申告さえすれば、そのほとんどを本人の生活に有効利用することができます。例えば、月35,000円のバイト料を得た場合、未成年者控除が11,600円、基礎控除が17,200円認められるうえ、残額についても、私立高校の授業料不足分、修学旅行費、クラブ活動費等に使うことが許されます（次官通知第8・3〔3〕ク、課長通知第8問58）。

□**申告しなかった場合**

　不正受給として全額返還を命じる例が横行していますが、このような取り扱いは酷であり違法とする判決が出ています（横浜地方裁判所平成27年3月11日判決）。

（4）生活保護世帯の高校生の進学費用

□**借入金の収入認定除外**

　日本学生支援機構等の奨学金、都道府県・政令市・中核市の母子福祉資金、生活福祉資金の就学資金等から、大学等の入学金、教材費、授業料などの就学資金を借り入れる場合、役所の「事前の承認」があれば、収入認定除外してもらえます。

□**返済金の必要経費扱い**

　上記の教育資金の借入は、本来保護費の中から返済していかなければなりません。しかし、障害年金、児童扶養手当、就労収入等の定期的な収入がある場合には、この返済金を「必要経費」として収入認定除外してもらうことができ（次官通知第8・3〔5〕）、実質的には借入でなく給付を受けたのと同じ効果を得ることができます。

（小久保哲郎）

・『扶養照会に関する申出書（申請者用・親族用）』（つくろい東京ファンドのHPでダウンロード可）

7 障害のある子どもや家庭への福祉サービス

（1）障害児（者）福祉サービスの概要

　現代の障害児（者）福祉サービスは、身体障害児（者）、知的障害児（者）、精神障害児（者）（発達障害児〔者〕を含む）、難病児（者）等を対象に、「障害者の日常生活及び社会生活を総合的に支援するための法律（障害者総合支援法）」ならびに「児童福祉法」を根拠に、その整備が図られています。障害者総合支援法では、「全ての障害者及び障害児が可能な限りその身近な場所において必要な日常生活又は社会生活を営むための支援を受けられること」（第1条の2）などを基本理念として掲げ、各種の福祉サービスを定めています。

　福祉サービスには、自宅で家事や入浴等の支援を行う居宅介護や、外出時にヘルパーが同行する移動支援、日中活動や働く場を提供する生活介護・就労継続支援等、共同生活を行う住居を提供し生活の支援をする共同生活援助などが規定されています。また、「児童福祉法」には、障害児の通所・入所サービスが規定されており、放課後等デイサービスや児童発達支援などがあります。

（2）障害児（者）福祉サービスの利用プロセスと相談支援

　ここでは、障害児が福祉サービスを利用する際の流れを説明します。福祉サービスを利用する際には、保護者が市区町村の窓口に申請します。18歳以上の障害者がサービス利用を希望する際は、障害支援区分の認定を要する場合が多いですが、障害児の場合は、申請書類の提出後、市区町村の担当者による面談を受けるかたちとなります。

　①面談では、障害児本人や保護者の意向、心身の状況や置かれている環境などについての聞き取り調査が行われます。②面談後、市区町村は「指定障害児相談支援事業者」に、障害児支援利用計画案の作成・提出を依頼します[1]。③「指定障害児相談支援事業者」は、その依頼に応じて自宅などを訪問し障害児本人や保護者から生活状況やニーズなどを聞き取りします。その内容を踏まえて、障害児支援利用計画案を作成し市区町村の窓口に提出します。④市区町村は提出された計画案を踏まえ、サービスの支給要否や支給量等を決定し、その内容に基づいて「指定障害児相談支援事業者」に、障害児支援利用計画の作成・提出を依頼します。⑤「指定障害児相談支援事業者」はその依頼に応じて、障害児本人や保護者ならびにサービス提供事業者などとサービス担当者会議を開催し、障害児支援利用計画を作成・提出します。⑥市区町村は、その計画に基づき「障害児通所受給者証」などを申請者に発行します。⑦申請者と利用を希望する事業者は、契約を交わして、サービスの利

1）障害児支援利用計画案は、保護者による作成も可能です。
2）障害者総合支援法に基づくサービスを利用する場合は、上記とは手続きの流れが異なります。詳しくは、市区町村の窓口にお問い合わせください。

用・提供が開始されます[2]。

　「指定障害児相談支援事業者」は、その後も一定期間ごとにモニタリングを行い、サービスの利用状況の検証・見直しを行います。こうした障害児支援利用計画の作成等も、1つの福祉サービスとして位置づけられており、「障害児相談支援」と呼ばれます。しかし、障害児の入所サービスについては、児童相談所が専門的な判断を行うため、相談支援事業の対象になっていません。

　いずれにしても、障害児（者）を取り巻く相談支援体制の強化が図られつつあり、「指定障害児相談支援事業者」をはじめとする各相談支援機関等と、学校・児童相談所・SSW などといった、子どもの生活や教育にかかわる機関との連携が、今後ますます求められます。

（3）学校との連携事例と SSW の役割

　小学校2年生の花子（仮名）さんは母親（36）との2人暮らしです。花子さんには、軽度の知的障害の診断が出されており、療育手帳が交付されています。母親は、うつ病を発症しており、日常的な家事や育児に負担感を覚えていました。担任教員は、SSW にも相談することを提案し、了解を得たところで、後日、SSW に相談しました。SSW は、母親の休息と花子さんの学校・社会生活の充実が図られるように、まずは花子さんの放課後等デイサービスの利用を母親に提案し、障害児相談支援事業者に来校してもらいました。事業者担当は、制度を利用することで生活面にどのような安心が得られるかを説明し、母親と花子さんの利用意思を確認したのち、サービスの利用申請を行いました。そのことがきっかけとなり、母親自身のサービス利用も希望されたため、利用調整を進めることになりました。

　本事例のように、就学する子どもに障害があるがゆえに支援を要するケースもさることながら、子どもの親に障害や疾病があり支援を要することも少なくありません。子どもの学校生活を基盤に、世帯全体の状況を俯瞰し、学校や障害児（者）相談支援機関、医療機関等をつないでいく SSW の役割に期待が寄せられています。

（髙橋　爾）

8 医療機関の分類と特徴

（1）医療機関（全般）の概要

　医療機関は、医療法で定められた医療提供施設であり、その施設種別として、病院や一般診療所（以下、診療所）等があります[1]。病院は、20床以上の入院施設を有するものとされており、一般病院や精神科病院等に分けられます。診療所は、入院施設を有しないもの、または入院施設が19床以下のものとされています。

　子どもに関連する医療機関の診療科としては、主として「小児科」があげられます。小児科においては、プライマリケア（総合的に診る医療）が実施され、子どもの体調や疾病の状況に合わせて他の診療科（外科や眼科、皮膚科等）を検討する場合もあります。また、子どもの精神・心理的症状や発達障害等に関連する課題に対しては、心療内科や精神科も視野に入れていく必要があります。

　医療費は、保険診療であれば原則3割（未就学児は2割）が自己負担額となります。この自己負担額に関して、多くの自治体で対象年齢、世帯所得に応じた助成が実施されています。自治体ごとで減免の割合が異なるため、留意が必要です。

（2）医療機関の機能（医療提供の形態）

　医療提供の形態には、「外来」「入院」「訪問系」「通所系」などがあります。心療内科や精神科の領域で特徴をみると、まず「外来」は、診察を予約制としている医療機関が多いことがあげられます。費用面では、通院医療費の自己負担額を軽減するため、疾病や症状により自立支援医療（精神通院医療）が活用できます。

　なお、医療機関で実施しているカウンセリングは、多くの場合有料となっています。治療を目的として病院等に入る「入院」は、精神科病院の場合、任意入院の他に医療保護入院等の入院形態があります。また、入院中の教育を保障するために院内学級を設置している一般病院もあります。「訪問系」は、訪問診療や往診、訪問看護、「通所系」は、デイケアを実施している医療機関があります。

　子どもの症状が外科的および内科的であれば、状態に応じた医療機関の選択がしやすいでしょう。しかし、子どもの言動や精神・心理面が気になった場合は、家族や学校が頭を悩ませることも多くなります。表2に医療機関の分類と特徴を一部整理しています。子どもの状態や思いに合わせて医療機関を選択していくことが大切であり、その際は、養護教諭やスクールカウンセラーとの意見交換も重要となります。

（3）医療機関へのつなぎと連携例

　不登校ぎみである中学3年生の良子（仮名）さんは、リストカットの傷が目立っ

1）厚生労働省『厚生労働統計一覧「医療施設調査（用語の解説）」』
http://www.mhlw.go.jp/toukei/saikin/hw/iryosd/08/dl/02.pdf（アクセス日：2021年9月18日）

表2　子どもの言動や精神・心理症状に関連する医療機関の分類と特徴

医療機関	特　徴
診療所（クリニック）【心療内科】【精神科】	・専門的な治療、助言を受けることが可能である。 ・診療所によっては、カウンセリングを受けることができる（有料の場合が多い）。 ・児童精神科医がいない場合、対応が難しいケースがある。 ・予約待ちが数カ月間の診療所がある。
精神科病院	・専門的な治療、助言を受けることが可能である。 ・精神保健福祉士を配置している病院が多く、連携がとりやすい。 ・病院によっては、入院を視野に入れることができる。 ・子どもの受診、入院に対応できない病院もある。
一般病院（総合/大学病院）【心療内科】【精神科】【小児科】他	・小児科等の受診から心療内科や精神科へのつなぎがスムーズである。 ・子どもの状態によっては、小児科での入院を検討してくれる場合がある。 ・医療ソーシャルワーカーがケースを担当した場合、連携がとりやすい。 ・医師の勤務が曜日により異なることも多く、臨時の受診が難しい。
診療所（クリニック）【小児科】【内科】	・かかりつけ医への受診や相談であれば子ども、家族が安心できる。 ・信頼する医師がすすめることで、心療内科や精神科受診につながる場合がある。 ・子どもの状態に適合した薬の処方や助言が難しい場合がある。

※上記医療機関以外では、児童相談所、発達障害者支援センター、精神保健福祉センター等の機関において、心理的状況の把握や専門員相談等の対応をしている地域もあります。具体的には、各地の福祉事務所等で確認してください。

(筆者作成)

ていました。担任から相談を受けたSSWは、本人との面談を行い、そこで良子さんの思い（友人や母親との関係性等）を聴き取りながら、心身のパワー状態の把握をしました。そして、本人から了解を得たうえで担任等と協議し、別室登校の調整と医療機関への受診を検討することにしました。次に、SSWは母親との面談を行い、その中で母親から「四六時中、仕事をしており娘の話を聞いてあげていないこと」「（リストカットに関して）心療内科に連れて行こうとしたが受診したがらずに困っていること」を聞きました。SSWは、良子さんの想いを代弁するとともに、本人との接し方や家庭支援の必要性について助言を行いました。また、医療機関については、良子さんの受診の不安を軽減するために、幼少期から診てもらっている小児科へ相談してみることを提案しました。相談を受けた一般病院の小児科医は、不登校でもある良子さんに対して、療養と生活習慣の改善を目的とした入院を提案し、本人も了解しました。医療ソーシャルワーカーとSSWは、入院時カンファレンスにおいて、①院内学級での教育保障、②別室登校もしくは適応指導教室の準備、③母親の就労支援を含めた家庭環境調整に関する支援計画を立てました。

　SSWには、医療機関受診の必要性を検討し、実際に受診へつなげるタイミングを計る力が求められます。この流れが不十分な場合、「安易な受診につながってしまう」「子どもが重篤な状態に陥ってしまう」「学校と子ども・家族間がトラブルになってしまう」などの状況になることが推察されます。また、医療機関につなぐだけでなく、その後の医療機関との連携が不登校等の課題改善には重要であると言えます。

(下田　学)

❾ 学校と NPO との連携

（1）NPO とは

　NPO とは「Non Profit Organization」の頭文字をとった略語で、民間の非営利組織のことを指します。特定非営利活動促進法によって法人格をもつ団体（NPO 法人等）と法人格のない任意団体があります。SSW が学校と連携する可能性が高い NPO としては、フリースクールなどの不登校支援や不登校の親の会、非行やひきこもりや発達障害など子どもの課題への支援団体があります。

　さらに学習支援や子ども食堂、フードバンク、子どもの居場所など子どもの貧困課題に対応する支援団体と学校とのつながりが増えてきています[1]。

（2）NPO の機能

　行政機関と違って制度の隙間の支援、行政区を越えた活動、また専門家だけではなく元当事者によるピアサポートなどの特徴をもった NPO が多くあります。本書では、子どもの貧困対策を行っている NPO の活動を例として紹介します[2]。

　例：夜の子どもの居場所支援（生活支援）を行う NPO

　保護者の夜間就労、病気や障害、子どもがヤングケアラーになっているなどで夜の時間帯に家庭で安心して暮らせない子どもたちに対して地域ボランティアがかかわります。夜の時間帯なので夕食、学習、遊び、入浴などの機会を提供します。

　このような夜の居場所を利用する子どもたちの多くが、ひとり親家庭で生活困窮を抱え、中にはネグレクト状態の家庭の子どももいます。このような家庭から学校に通う中で不登校、低学力、いじめなどの学校課題も併発することも多くあります。学校だけでは家庭環境を変えることができず、課題を解消することが困難です。また命の危険性が少ないことから子どもを保護するレベルではないと判断され、要保護児童対策地域協議会などで見守り支援をしていることが多いです。しかしながら夜の子どもへの直接的な支援は既存の福祉制度ではほとんどありません。このような制度の狭間に落ちている子どもたちに対してのサービスが地域に必要と考え、この NPO では夜の子どもの居場所活動を始めました。

（3）学校との連携例（子どもの貧困対策を行う NPO との連携)

① SSW が学校と NPO をつなぐ支援　※図12参照

　先ほど紹介した夜の居場所が次々と立ち上がっている自治体の SSW は、学校から気になるケースを NPO につなぎ連携の要を担っています。地域で活動する

1）幸重忠孝「子どもの居場所づくりとその実践（2）」松本伊智朗他編『シリーズ⑤　子どもの貧困⑤　支える・つながる』明石書店　2019
2）幸重忠孝・村井琢哉『まちの子どもソーシャルワーク』かもがわ出版　2018
3）幸重忠孝「こどもソーシャルワークセンター」谷川至孝他編『子どもと家庭を包み込む地域づくり』晃洋書房　2022

NPO は、夜の居場所が必要な子どもの存在を知ることは基本的にはできません。しかし、地域の子どもたちが通ってくる学校で働く SSW にはケースとして必要な子どもの情報が入ってきます。そこで SSW が必要な子どもを NPO とつなぐ役割を担います。また居場所活動を続ける中で、学校や福祉と連携を必要とすることが起こった時や必要な情報があれば SSW を介して NPO と学校がそれぞれに役割分担をしながら子どもたちを見守っていきます。

　特にこのような居場所に来ている不登校状態の子どもについては、学校で本人との面談や行動観察が難しい場合が多く、昨今、家庭訪問も難しくなってきていることから、NPO の活動の中で子どもと SSW が自然と出会うことも可能となります。

②**学校という空間を使った居場所づくりや支援の場づくり**

　SSW が学校と地域の NPO や企業をつなげることで、学校敷地内で地域住民が子どもたちに朝食を提供する子ども食堂が行われるようになったり、生徒自身が学校内で子ども食堂を立ち上げたり、フードバンクと提携して放課後に災害備蓄品や余剰食材などの破棄される食品を配布するフードパントリーを実施したり、昼休みや放課後に学校内にカフェ形式の居場所をつくる高校内居場所カフェなどの活動が作り出されています。個別に環境調整を行うケースワークによる支援と違い、NPO と学校の調整、成果の指標化などの力を必要とするものの、このような活動が NPO と共同して学校に立ち上がることで、より多くの子どもたちを支えることや様々な福祉課題の予防的な効果を生み出すことが期待されます[4][5]。

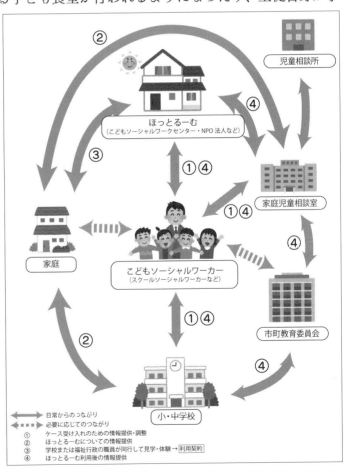

図12　COVID-19（新型コロナウイルス）感染予防のための全国臨時一斉休校に対応する「ほっとるーむ」の流れ（幸重 2022より[3]）

（幸重忠孝）

4）森本智美「学校と夕刻を支える場をつなぐ」金澤ますみ他編『学校という場の可能性を追究する11の物語』明石書店 2021
5）居場所カフェ立ち上げプロジェクト編『学校に居場所カフェをつくろう！』明石書店　2019

コラム①

元不登校児の今

　私が入学した小学校は廃校を利用したフリースクール（以下、FS）で、4年生で引っ越して、地域の学校に行くかFSに行くかの選択を迫られるまでは、FSが私にとっての学校でした。引っ越し後もFSへ通っていたのですが、籍があった地域の小学校から担任の先生が家庭訪問に来るようになり、そのうちに小学校とFSの両方に通うようになりました。そして、担任の先生や同級生とのかかわりが増えるうち、どちらに通うのがいいのかという揺れが起こるようになり、心の中では学校に戻る流れを感じていました。

　しかし6年生の時、夏休みの作文について、私の考えが間違っているから書き直しなさいという指導を受けました。大人から一方的に決めつけられて嫌だった出来事を書いたのですが、先生から、まさしく、作文で書いたとおりのことが起こり、なぜ、大人は子どもを信じないで勝手に決めつけるのかという怒りに近い感情が沸き上がりました。結果的には作文を書き直したのですが、翌日から学校に行くことをやめました。

　私が育ってきた環境には、自分自身がどうしたいのかを常に問いかけられること、無条件に認めてもらえることが当然のようにありました。安心できる居場所があり、自分のことを支えてくれる人が周りに多くいたのです。だからこそ、不登校により社会と離れていく感覚や現実があっても、苦しいことがあっても、常に、自分のありたい姿を描いて、夢をもち、実現に向けて一つひとつの行動を起こしてくることができました。

　しかし、今、思えば、家族からすると、将来はどうなるのかという不安や怖さもきっとあったのだと思います。それでも、私のことを信じて、自由に選択をさせてくれたのだと思います。不登校を選択したことの後悔はありませんが、当時の私の中では、社会から外れている感覚と、大学へ行くことで社会へ戻れるような感覚があったのは確かです。

　大学では社会福祉を学び、現在は、障害福祉分野の施設職員として勤務する傍ら、環境教育事務所を立ち上げて子どものキャンプや地域ボランティア活動を行う中で、子どもが育つ環境は場所ではなく、周りにいる人が重要であり、自身と向き合うことで気持ちや自己のありたい姿を知り、夢を描くことができるような仕組みづくりが必要であると考えています。それが学校という場所でなくてもいいということではなく、学校に通うということは最後まで、子どもたちの選択肢の一つとしてあり続けてほしいとも思っています。不登校によって経験の機会が減ることや地域とのつながりが希薄になること、社会の一定の評価基準から外れること等のデメリットやリスクが現状の社会ではあるからです。一方で、状況によっては学校に行かないことを正しく選択できることの大切さと、不登校の子どもたちの居場所が地域の学校との架け橋となることで、子どもたちが安心して育つ環境が実現するのではないかとも考えています。

　私は、誰もが自分の気持ちに純粋に向き合い、自己のありたい姿を描き、自分らしく生きていけるように支えていける人でありたいと思います。社会ではまだ自分らしく生きにくい現実がありますが、まずは自分が自分らしく生きていくことで体現していきます。

環境教育事務所 New Beginning World 代表

松本吏生

II

スクールソーシャルワーカーの実践

スクールソーシャルワーカーの実践においては、
ソーシャルワークの専門性が必要とされます。
スクールソーシャルワーカーとして実践を始めるに
あたって、おさえておくべきことを確認しましょう。

第1章 SSWの活動に向けた準備

① 生徒指導体制の中に位置づくSSW事業の可能性

　児童生徒にかかわる痛ましい事件が起こるたび、再発防止に向けた具体策としてSSWの配置や活用のあり方が取り沙汰されています。それは、多様化・複雑化する生徒指導上の課題への学校の対応の限界を示したものともいえます。

　ただし、SSWを配置派遣すれば、教員・専門家・関係機関との連携調整が一気に進むかというと、実はそれほど簡単なことではありません。その大きな理由は、「多方面からの情報収集」や「関係者の役割分担」が可能なネットワークなしにはSSWの活動は混乱すらもたらしかねないからです。もちろん、SSWの中には、ネットワークの構築から関与し実績を残している人も多々いるでしょうが、それを全てのSSWに期待するのは現実的ではありません。

　では、ネットワーク構築の役割は誰が担うべきでしょうか。現状では、学校の管理職が校内のネットワークを整備し、事業を管理運営する教育委員会担当者がSSWの活動状況や地域の実状を十分に把握したうえで校外のネットワークを整備することが現実的であり最適だと考えます。両者が、SSWの立場や活動について学校内外に責任ある説明を行うことで、SSWの立ち位置が明らかになり、関係機関等はSSWの所属や活動範囲を認識します。それは、校内外のネットワークに接続する最低条件であり、「SSWが生徒指導体制に位置づく」とは、SSWが校内外のネットワークに自由に接続することを責任者（教育委員会・学校管理職等）から保障されることだといえます。校内ネットワークを整備するために管理職には次の3点が求められます。

（1）問題意識

　管理職の問題意識なくして効果的なSSWの活動はありえません。問題意識とは特定ケースに表出された教職員の課題（例えば、子ども理解の浅さや組織的対応の弱さ）、地域の課題（地域間や学校とのつながりの弱さ）等を指します。管理職がそうした課題を克服するために、SSWの協力を得るならば、特定ケースへの対応で得られた知見が、類似ケースへの対応へとつながるはずです。

（2）日常の教育活動とSSWをつなぐ教員の配置

　多くのSSWは教員と勤務形態が異なるため、先に把握していた状況と現状の対

応にズレが生じる場面もあります。特に小学校では、学級担任の対応力により状況が変わりやすく、SSWが処処の過程を理解できなければ、的確な助言どころか不信が募る場合もあります。そこで、客観的情報と校内の対応を把握できる教員を置き、対応の過程をSSWに伝え、助言を活かす体制を整えます。

（3）管理職による価値づけ・教育委員会の役割

　管理職がSSWをいかに価値づけるかが重要です。SSWが情報をどの段階で把握できるか、ケース会議での役割は何か、管理職との面談時間は確保されているか等を通じてSSWへの期待度を教員に示す必要があります。SSWが「管理職のビジョンが見えない」と言う場合、それは「管理職によって自分が適切に価値づけられていない」との訴えと考えてもいいでしょう。

　次に、校外ネットワークの整備に向けた教育委員会担当者の役割ですが、①担当者とSSWとの定期的な打ち合わせ時間の確保、②教育委員会が関与する会議での役割の明確化、③成果指標の明示と情報発信の機会の設定等があげられます。①は直接的なつながり、②は他機関を意識した仕掛け、③は活動の周知と考えてください。

　①に関連して、教育委員会担当者はSSWが学校では一人職（孤職）であることを忘れてはなりません。いくら管理職が配慮しても、SSWが教員や関係機関と対峙する場面も想定されます。そうした状況を正確に把握し調整するためにも、SSWとの定期的な情報交換は必須であり、それはSSWへの大きな支援となります。

　②③等、教育委員会による戦略的な「活動の周知」や「成果の発信」は、関係機関に対して学校に福祉の専門家が存在する重要性をアピールすることでもあります。その結果、学校の課題に対する連携のみならず、関係機関がSSWを介して学校に働きかけるなど、双方向のキーマンとして活躍する場面が増えることも期待されます。それこそが、生徒指導体制に位置づくSSWの本領なのかもしれません。

　SSWへの期待は、今後ますます高まることでしょう。「スクールソーシャルワーカー」が「学校にいるソーシャルワーカー」というだけでなく、「学校を基地として地域とつながるソーシャルワーカー」「学校と関係機関を仲介するソーシャルワーカー」「学校経営をサポートするソーシャルワーカー」等、余人に代えがたい専門性と主体性をもつ存在となりえるか否かは、SSWの専門性に関する課題です。同時に、高い専門性のあるSSWが生徒指導体制の中に位置づくかどうかは、管理職や教育委員会担当者による、主体的な校内外のネットワークの整備充実にかかっているといっても過言ではありません。

（中野　澄）

（1）学校体制の準備

　学校においては、同僚性・協調性の高い教職員集団を目指し、SSWもチームの一員として迎え入れる準備が重要です。SSWが学校の実態に応じた活動を展開できるための校内体制を整えましょう。

① SSWの担当者（コーディネーター教員）の決定

　管理職は、SSWの動きをSSWと共に考えていくコーディネーター教員（以下、CO教員）を位置づけましょう。CO教員は、学校全体の問題行動や不登校、要保護児童等の子どもたちの状況を把握している教員が望ましいと考えます。

②支援対象者の把握

　CO教員は、SSWの1回目の出勤日までに、学校全体の支援対象者を把握しておきましょう。SSWが今後関与するか否かにかかわらず、関係機関や専門家等がどの子にどの程度かかわっているのか把握しておくことが重要です。

③校務分掌におけるSSWの位置づけ

　SSWが有効な活動を行うために、SSWを校内の「いじめ防止対策委員会」や「生徒指導部会・特別支援教育部会」等に位置づける必要があります。会議の開催日は、SSWの出勤日に設定しましょう。

④ SSWの座席の決定

　SSWが教員と情報を共有し、日々のコミュニケーションを大切にするうえでも、職員室に席を置くということがとても有効です。

⑤校内研修の実施

　SSWを学校に配置する目的について、全教職員が理解しておくために、研修会を実施しておきましょう。その際、SSWとSCについて、それぞれの専門性や役割についても理解しておきましょう。研修講師については、自治体によって状況は異なりますが、事業者である教育委員会等にSSWのスーパーバイザー等の派遣依頼や、配置されるSSWに依頼するなどの方法があります。

⑥ SSWの周知

　全校集会等で子どもたちに紹介するかどうか、校内での名札、また関係機関で渡す名刺の内容等、SSWの動きにかかわる事項について、CO教員が中心となり管理職・SSWとの共通理解のもと決定しましょう。

【参考文献】
・金澤ますみ「校内チーム体制にスクールソーシャルワーカーを迎え入れるポイント」『月刊生徒指導』2015年4月号　学事出版　2015

（2）SSW と CO 教員の打ち合わせ事項

　教職員と SSW がスムーズな連携を図るためには、CO 教員は大切なキーパーソンとなります。SSW と CO 教員による共通理解のもと、効果的な支援体制を構築しましょう。

①学校の現状について

　SSW の 1 回目の出勤日に、学校の現状について確認しておきましょう（教職員構成、校務分掌、校舎配置、子どもたちの様子、地域の様子等）。

②担当ケースの決定について

　支援対象者について情報共有し、SSW が担当するケースを決めましょう。勤務日数によって担当できるケース数は異なりますが、週 2 日の勤務であれば、はじめは、3 ケースくらいまでをめどにスタートすることが望ましいです。

③スケジュールの調整について

　CO 教員は、授業観察や教職員からの相談、面談、協議等について、1 日のスケジュールを調整しましょう。SSW が出勤した際には、CO 教員と 1 日の流れを確認してからスタートすることが望ましいです。

④記録・情報の管理について

　SSW の 1 日の活動記録や個人記録等についての管理の仕方について確認しておきましょう。

⑤ケース会議の実施について

　ケース会議の実施については、管理職・CO 教員・SSW による共通理解のもとで、事例に応じて、参加者等を決定しましょう。

SSW を迎えるまでの学校教員向けのチェックリスト

　学校は、以下の項目を確認し、SSW を迎え入れる準備を整えておきましょう。

□ SSW 担当の CO 教員を決定している
□ 学校全体の支援対象者を把握できている
□ SSW を校務分掌の中に位置づけている
□ 職員室内に SSW の座席を設置している
□ SSW に関する校内研修を実施した（実施予定である）
□ 全教職員が SSW の専門性や役割について一定の理解はしている
□ SSW の名札や名刺を作成した
□ 活動記録等の管理の方法が決まっている

（堀 信也）

❸ 学校を知る・地域を知るための SSW の動き

（1）SSW が学校を知ることの意味

　SSW は学校を基盤として、ソーシャルワークを展開する仕事です。子どもを支援していくには、子どもの視点で学校の日常を知ることも大切です。また、子どもが抱えている課題の改善を目指すには、学校の組織や動きを知って、教職員との信頼関係を築くことが始まりです。SSW としては、他職種であり同僚でもある教職員の仕事を理解することが不可欠であり、SSW が学校を知ることによって教職員からの信頼も得られるようになります。

　パールマンはケースワークを構成する要素として、生活上の問題を抱えて相談に来る「人（person）」、クライエントが抱えている「問題（problem）」、援助が行われる「場所（place）」、ワーカーとクライエントの中で展開される援助の「過程（process）」という 4 つの P [1] を示しています。

　SSW の支援においては、活動の基盤となる「学校」という「場所（place）」が、どのようなところなのか、その実態を理解することが必要なのです。

（2）SSW が地域を知ることの意味

　学校はその地域の特色によって様子が異なります。もともと学校はその地域の中心であり、地域と密接につながっているものですから、学校を知るためにも地域を知ることは重要です。住宅地が多い地域、商業施設が多い地域、地域の住民同士のつながりが強い地域、様々な特徴をもった地域があり、その地域の状況は子どもたちの生活に反映されます。子どもたちが、学校以外ではどのようなところで遊んでいるのか、保護者はどのようなところで日々の買い物をしているかなど、子どもや家族の生活を知るためには地域を知ることが欠かせません。校区にどのような施設や資源があるのか（図書館、児童館、学童保育、子ども食堂など）を知っておくことで、子どもへの支援に役立ちます。

　また、SSW が校区内の地域に、どのような人が暮らしているのかを知り、自らも顔の見える関係になっていくことで、地域に根差した学校を基盤とするソーシャルワーク活動ができるようになります。学校の教職員と地域の人とのつながりをつくり、学校と地域をつなぐ橋渡しをするために、より深く地域の特性を知ることが重要です。

1）4 つの P に加えて、「専門職ワーカー（profession）」、「制度・政策（provision）」の 2 つを合わせて 6 つの P という場合もあります。今日では、ジェネラリスト・ソーシャルワークの重要性が提唱されています。

チェックリスト

1．学校を知るために行うこと

☐ 学校規模を知りましょう。児童生徒数、学級数、教職員数、校内の教室の配置図など、これから SSW として勤務する「場」について知ることが大切です。学校要覧をもらうとよいでしょう。

☐ 年間行事予定表、月間行事予定表、時間割などを参考に学校の年間の行事や、子どもたちの1日の学校生活を知りましょう。

☐ 教職員の役割を知るために、校務分掌表をもらいましょう。校長、教頭、生徒指導主事など、役職名と役割を理解するよう努めましょう。

☐ 学校内の各委員会の構成を知りましょう。

☐ 学校に入っている支援人材を知りましょう。SC や介助員、学生ボランティアなどが、何曜日に勤務しているのかを知ることも重要です。

☐ 児童生徒の生活保護受給率、就学援助受給率を把握しましょう。事務職員は、保護者負担の諸費用等についても詳しいため、尋ねてみるとよいでしょう。

☐ 養護教諭に勤務校における保健室の役割や学校としての利用ルールを確認しましょう。

☐ 教職員と日常的にコミュニケーションをとるために、職員室に SSW の席を用意してもらいましょう。また、教職員の座席表をもらうとよいでしょう。高校の場合は、教職員とコミュニケーションを図りやすい適切な場所を相談しましょう。

2．地域を知るために行うこと

☐ 校区の地図を見ながら、どのような施設等があるのかを知り、教職員から校区の特徴を教えてもらいましょう。スーパー、商店街、公園、公民館、児童館、病院、公営住宅などの施設がわかる校区の地図を参考にすることもできるでしょう。

☐ 主任児童委員や PTA 役員など、地域をよく知る人などを管理職から紹介してもらいましょう。町内会、子ども会の加入率、地域の行事などを知ることで、地域の特色がわかります。

☐ 実際に、地域を自分で巡回してみましょう（フィールドワークを行いましょう）。高校については生徒の登校してくる地域が広いために、この活動は難しいかもしれません。その場合は、生徒が通ってくる市区町村の情報（役所の場所、通学経路など）を調べるなど、違う方法を工夫しましょう。

（森本智美）

4 学校の組織を知る―校務分掌と SSW の位置づけ

（1）校務分掌とは

　学校の教職員は、児童生徒への授業のほか、クラス運営、生徒指導、行事運営、クラブ指導などの児童生徒への教育活動に直接かかわる役割と、これらの活動を支えるための、教務、生徒指導、教育相談、保健安全、PTA 担当などのいろいろな役割があり、それらを「校務」と呼んで全ての教職員で分担しています。その職務の種類と責任の範囲を定めて、割り当てることを「校務分掌」といいます。毎年 4 月の学校内の人事が決まるときに校務分掌も決定され、図13のように「校務分掌表」という組織図にまとめている学校もあります。

　簡単にいうと学校の活動の全てを円滑に運営するためにはそれを支える細かな役割があり、学校の全ての教職員にその役割が割り当てられており、それが「校務分掌」ということになります。

　校務分掌は校種によって違いがあり、中学校および高校では、クラブ活動をまとめる部会や担当者が校務分掌に加わったり、卒業後の進路に向けて取り組みを行う進路指導委員会があります。

（2）校務分掌と SSW の位置づけ

　SSW が学校で活動していくうえで、どの分掌に位置づけられるかは、SSW 事業の目的や、学校の教育課題が異なりますので、SSW にどのような活動が期待されるかによって異なるでしょう。例えば、ある小学校では「いじめ・不登校対策委員会」に、ある中学校では「生徒指導委員会」に位置づけられており、また高校では SSW の配置目的によって、進路指導委員会や教育相談委員会などの委員会に位置づけられている場合もあります。

　どの委員会や部会に所属しても、SSW が校内のどれかの分掌に位置づけられることが大切です。校務分掌に SSW が位置づけられることは、その学校の組織の一員となって、学校組織の中で SSW の役割が可視化されるからです。そのうえで、図14のようなチームアプローチの手順を校内体制として確立していくことが学校全体の目標でもあります。そうなってはじめて、SSW が外部人材の一人ではなく、校内の一員として活動できることを表すのです。

１）金澤ますみ「スクールソーシャルワーカーの活用のパターンモデル」山野則子『日本におけるスクールソーシャルワークの実証的研究―福祉の固有性の探究―平成19年度報告書』文部科学省科学研究費（基盤研究［C］）100頁2008

〈小学校　校務分掌表〉　　　　　　　　　　　　　　　　　　　　　〈中学校　校務分掌表〉

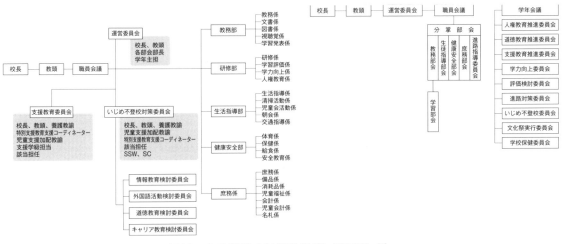

図13　ある学校の校務分掌例（筆者作成）

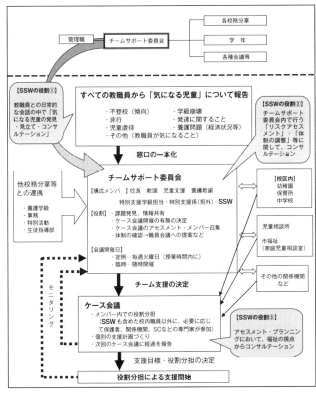

図14　ある学校のチームアプローチの手順
（金澤　2008 引用[1]）

①教職員が「問題を一人で抱え込まないために」、教職員同士を有機的に結ぶためのコーディネーター

②ケース会議を中心とした生徒指導体制構築のためのアドバイザー（「子どもの最善の利益」のために、必要な体制について考える）

③チーム支援における福祉の専門職としての見識を活かしたサポーター

※ケース会議には、子どもや保護者が参加することもある

（森本智美）

❺ SSW の動き―配置校型と派遣校型の違い

（1）配置校型の動き

　配置校型の SSW はその学校の職員として勤務することになり、校長の管理・監督下に置かれます。図15は、ある配置校型 SSW の１日の活動例です。

① 出勤時にコーディネーター教員（以下、CO 教員）より前回勤務以降のケースの変化を聞き取ります。また、当日のスケジュール（この場合は保護者の関係機関同行）について確認します。

```
10：00① CO 教員と情報共有
        当日の活動（児童Ａ保護者の生活保護課への同行支
        援）の打ち合わせ
11：00② 保護者同意のもと、○○市生活保護課に電話連絡し、
        本日の訪問に向けた打ち合わせを行う
12：30③ ┌ 児童Ａのいる学級で一緒に昼食をとる
        │ 昼休み中の行動観察
        └ 校内巡回
13：30④ 児童Ａ保護者と生活保護課へ同行相談
15：00⑤ 保護者と学校に戻り、訪問内容の整理
16：00⑥ 機関訪問の報告と今後について教員と話し合う
16：30⑦ 記録
17：00   終了
```

図15　配置型 SSW の１日の活動例

② 保護者の同意をとり、本日訪問予定の関係機関に電話連絡し、情報共有と本日の機関訪問の目的の確認等の打ち合わせをします。関係機関への同行はあらかじめ管理職の許可を得ておきます。

③ 担当ケースや気になる子どもについて、授業観察・校内巡回などを通してアセスメントのための情報収集を行います。

　そこでの気づきを CO 教員や担任と共有する機会が、SSW としてのアセスメントを伝える機会にもなります。

④ CO 教員と SSW とで、関係機関に保護者の相談の同行支援を行います。同行支援はアセスメントに基づいた支援計画として、その目的を管理職や CO 教員・担任と共有されていることが大前提です。

⑤ 保護者と学校に戻り、本日の関係機関訪問の内容を確認、整理（わかったこと、わからなかったことなど）し、今後について相談をします。

⑥ 関係機関訪問をした後は、管理職や担任に報告・共有し、今後どのように児童Ａの教育保障と保護者を支援していくかを話し合います。この時には SSW と管理職や担任、CO 教員が一緒にケースに取り組むことを意識して話し合いをすることが大切です。

⑦ 勤務時間内に記録を作成します。

（2）派遣校型の動き

　派遣校型SSWは、どこに所属するか（市区町村教育委員会・教育事務所・都道府県教育委員会等）によって、様々な活動スタイルがあります。図16は、ある市教育委員会所属の派遣校型SSWの活動例です。

① 出勤時に担当指導主事と派遣校の状況や校内体制、派遣依頼内容を確認します。派遣での活動回数が限られている場合、SSWが「何を目的として」「どんな到達目標で」「何回活動するのか」をより明確にし、指導主事と共有することが大事です。

> 10：00①教育委員会SSW担当指導主事と当日の活動に関する打ち合わせ
> 11：00②派遣校A（派遣1回目）にて、ケースについての聴き取り
> 13：00③派遣校B（派遣2回目）にて、教頭と共にケース該当児童の授業観察
> 14：30④派遣校Bにてケース会議実施
> 16：00⑤－ⅰ教育委員会担当指導主事と市内生徒指導連絡会議に出席
> 　　　　⑤－ⅱ教育委員会に帰庁し、担当指導主事へ②から④の報告・打ち合わせ・記録作成
> 17：00　終了

図16　派遣校型SSWの1日の活動例

② 派遣1回目は該当ケースについて関係教職員から聴き取り、得られた情報からアセスメント・プランニングを行うとともに今後のSSWの活動の見通しを伝えます。

③ 派遣2回目では必要に応じて児童の行動観察を行い、さらなるアセスメントの情報収集を行います。実際に児童を観察して得られる情報はたくさんあります。派遣校型では、SSWの活動時間を工夫してできる限り児童の行動観察を行いましょう。

④ 派遣2回目以降では、情報を収集した後、教職員と共に協働してアセスメントを行い具体的な支援プランを立てていく場としてケース会議に出席します。

⑤ －ⅰ学校への派遣以外に、教育委員会所属のSSWとして、担当指導主事と共に市内の学校の生徒指導連絡会議（各学校の生徒指導上の課題や不登校やいじめの状況などの情報共有をする会議）や要保護児童対策地域協議会の実務者会議に出席することもあります。
　－ⅱ派遣活動の内容を担当指導主事に報告し、記録を作成します。

（森本智美）

6 社会資源の把握① ─資源一覧

　多様で複雑な問題を抱える子どもたちや家庭を支援するにあたり、SSW が様々な社会資源を活用していることは言うまでもありません。ここでは、SSW として活用できる社会資源をチェックしましょう。

（1）教育行政関係の社会資源

　SSW として、まず把握しておきたいのは教育行政関連の社会資源です。担当校内にある社会資源（校内資源）や市区町村・都道府県教育委員会に関係する社会資源にはどのようなものがあるのでしょうか。表3はその一例ですが、自治体によってあるものとないものがあったり、名称や機能が異なったりする場合があるので、担当地域には何があり、その機能は何なのかなどを調べることから始めましょう。

表3　教育行政関係の社会資源例

区分		教育行政関係の社会資源	
校内資源		生徒指導主事 教育相談担当 特別支援教育コーディネーター 養護教諭（保健室） スクールカウンセラー	相談員 特別支援教育支援員 用務員・警備員・事務員 教室以外の居場所（別室）
教育委員会	市町村	教育支援センター（適応指導教室） 教育センター 学校サポートチーム 特別支援地域連絡協議会専門家チーム、巡回相談 青少年センター[1)]	
	都道府県	教育事務所 教育センター 特別支援学校 学校サポートチーム 都道府県が独自で展開している事業・施設 　（例）不登校児童生徒の受け入れ[2)]：但馬やまびこの郷（兵庫県） 　　　　防災支援：震災・学校支援チーム（EARTH）[3)]（兵庫県） 　　　　　　　　熊本県学校支援チーム（熊本県） 　　　　　　　　災害時学校支援チームみやぎ（宮城県）	
その他		市町村・都道府県が民間・NPO等に委託している事業 　（例）大阪市：不登校児童通所事業「サテライト」[4)] 文部科学省が所管・推奨している事業 　（例）放課後子ども教室、家庭教育支援チーム	

1）自治体によって教育部局以外の部局が主管している場合がある。
2）http://www.t-yamabiko.asago.hyogo.jp/
3）http://www.hyogo-c.ed.jp/〜kikaku-bo/EARTHHP/concept.html

（2）教育行政関係以外の社会資源

　教育行政関係以外にも、地域には様々な社会資源があります。表4にその一部を示しました。それぞれの法的根拠や運営・実施主体、役割・機能、具体的支援内容は各地域で異なることもあるので、担当地域の実情は自分で調べましょう。

表4　教育行政関係以外の社会資源例

教育行政関係以外の社会資源	
施設・機関・組織	児童相談所 福祉事務所、家庭児童相談室 市区町村の児童福祉、母子保健等の担当部局 要保護児童対策地域協議会 保育所（地域子育て支援センター） 保健所、保健センター 児童養護施設・母子生活支援施設等の児童福祉施設、児童家庭支援センター 児童発達支援センター 発達障害者支援センター フリースクール、フリースペース 児童館 子ども食堂 社会福祉協議会 配偶者暴力相談センター、婦人相談所、女性センター 弁護士会、法テラス 公共職業安定所（ハローワーク） 地域障害者職業センター 地域若者サポートステーション 医療機関、警察、各種NPO法人
制度・事業	生活保護、就学援助、生活福祉資金 児童手当、児童扶養手当、特別児童扶養手当、災害遺児手当 母子寡婦福祉資金貸付制度 自立支援医療制度 ひとり親家庭生活支援事業 放課後児童クラブ（学童保育） 療育事業、放課後等デイサービス 子育て短期支援事業（ショートステイ事業・トワイライトステイ事業） 各種奨学金制度
その他	民生委員・児童委員、主任児童委員 保護司 少年警察ボランティア

　SSWは、現状に困り果てた学校（教職員）や保護者から、「今すぐ使える社会資源を紹介してほしい」「何らかの社会資源につないでほしい」と迫られることがあります。しかし、SSWの仕事は安易な社会資源の羅列や紹介ではありません。最終的には社会資源につなげるとしても、その前提には丁寧なアセスメントがあります。

（半羽利美佳）

4）http://www.awajiplatz.com/operation/satellite.html

7 社会資源の把握② ―ネットワークの築き方

（1）なぜ、ネットワークを築くのか

　SSW は、支援の中心となる「子ども」の最善の利益を確保する観点から、家庭全体を支援していくことが必要です。子どもの抱える問題だけでなく、家庭の中にいくつかの問題が複合的に存在する場合には、様々な機関が連携して問題解決を図ることが必要です。そのために SSW は、学校を基盤としながら、先に述べたような様々な機関や支援者たちと連携し、平時からネットワークを築くことが求められるのです。

（2）顔の見える関係づくりのために

　ネットワークを構築するにあたって、最も大切なのは双方の信頼関係です。実際に支援を展開していく際に、社会資源の情報を知っている、または情報提供するだけで、具体的な連携へとつながっていくでしょうか。決して、そうではありません。

　SSW 自身が足を運んで、各機関へのあいさつ回りを行い、各機関がどのような相談対応を行っているか、どのようなサービスを提供しているのかをヒアリングする、そして、SSW の役割やどのような活動を行っているのかについても説明し、相手を知るだけでなく、SSW のことも知ってもらうことで顔の見えるつながりができ、スムーズな連携を図ることができるのです。また、問題改善・解決の視点だけでなく予防的な視点からも、関係機関等とのネットワークを早い段階で築くことが不可欠です。

　以上のポイントを押さえながら、他分野、他職種による支援ネットワークを構築し、ケースに応じて必要な社会資源と連携しながら、子どもや保護者とチーム体制で支援を行っていくことが大切です。

（3）チェックリスト

　次頁にあるのは、各機関へのあいさつ回りをする際の事前準備のためのチェックリストです。SSW は、訪問先や訪問の目的を、SSW 事業担当者（教育委員会指導主事や、学校配置の場合は CO 教員）と共通理解を図り、所属長の了解のもと訪問しましょう。

チェックリスト

１．社会資源の情報を収集しましょう

□ P56、57の表3・4を参考に、配属された市区町村にそれらの機関があるか（どこにあるか）を、教育委員会の SSW 事業担当者に確認しましょう。

□ ホームページなどで得られる情報を整理しましょう。

□ 市区町村の市民活動情報コーナーなどに足を運び、市民向けの広報紙から NPO や子育て支援の団体、地域活動情報などの情報を得ましょう。

２．訪問先に予約をとりましょう

□ SSW は、SSW 事業担当者と共に、訪問する機関を決め、誰と、何のために訪問するのか目的を共有しましょう。SSW が複数名いる自治体では、全員で訪問するのか、代表者が訪問するのかなどについても検討が必要です。

□ 訪問先にアポイントメントをとりましょう。初回は、SSW 事業担当者からアポイントメントをとってもらうことが望ましいでしょう。SSW 自身がアポイントメントをとる場合には、所属長の了解を得ている旨も先方に伝えましょう。

□ 訪問先にアポイントメントをとる際は、誰と、何のために訪問するのか、目的を伝えましょう。

□ 訪問時に、どのようなサービスを行っている機関かなど、教えていただけるかどうか先方の予定を尋ねましょう。

３．訪問前に、以下の書類を揃えておきましょう

□ 名刺を用意しましょう。名刺に記載する所属、氏名、所有資格、連絡先（教育委員会の担当部署）も所属長に確認しましょう。

□ SSW の説明資料を作成しましょう。SSW を知ってもらうための資料です。SSW の役割、雇用形態や勤務日、配置校、従事時間の概要等、わかりやすい資料を作りましょう。所属長に了解を得たうえで内容を確定します。

４．訪問時のポイント

□ 双方の活動や役割について情報交換を行いましょう。

□ 個別ケースで連携する際の担当者を確認しておきましょう。

（久山藍子）

⑧ ソーシャルワーク記録の種類と留意点

（1）ソーシャルワークの記録とは

　ソーシャルワークの記録とは、ソーシャルワーカーが行う支援活動とそれに関する事項を記述したものです。ソーシャルワークの記録は、専門職として行う行為の客観性を示す重要なものです。また、プライバシーの保護という条件つきで、専門職と関係者のコミュニケーションにおいても活用されます。

　ソーシャルワークの記録は、大きく分けて支援記録と運営管理記録の２つがあります。支援記録とは、相談援助記録、個人や家族への支援の記録、また集団や地域への援助活動記録です。一方、運営管理記録には会議記録と業務管理記録と教育訓練用記録があります。

　会議記録とは、ケース会議や委員会等の記録のことです。また業務管理記録とは、日誌や日報、月報、登録台帳等の記録のことです。そして、教育訓練用記録とは、事例検討会やスーパービジョンのための記録を指します。

支援記録	相談援助記録	運営管理記録	会議記録
	集団援助記録		業務管理記録
	地域援助記録		教育訓練用記録

出典：副田あけみ・小嶋章吾編著（2018）『ソーシャルワーク記録（改訂版）』（誠信書房３頁より引用）

図17　ソーシャルワークの記録

（2）ソーシャルワークの記録の目的

　ソーシャルワークの記録の目的は、大きく以下の６点です。

①よりよい支援活動を行うため

　クライエントの利益や権利擁護を目指し、適切な支援活動を行うには、クライエントとの信頼関係の構築、ニーズの把握とアセスメント、アセスメントに基づいた支援計画とその実践、さらにはモニタリングと評価というソーシャルワークのプロセスをしっかりと踏んでいくことが求められます。記録によりそのプロセスを点検することは不可欠です。

②他機関や多職種との連携・協働における情報の共有のため

　クライエントへの適切な支援には、他機関や多職種との連携・協働は欠かせません。その際、情報の共有を円滑に行うために記録は必要です。

③適切な支援活動の継続のため

　ワーカーが交替したとき等に、適切な支援を継続するためにも記録は重要です。

【参考文献】
・副田あけみ・小嶋章吾編著『ソーシャルワーク記録（改訂版）』誠信書房　2018

④**クライエント自身と情報を共有するため**

　クライエントやその周りの人々に対してワーカーによる説明責任を果たすことも求められています。そのためにも適切な記録が必要とされています。

⑤**公的な支援活動として適切であることを示すため**

　公的な根拠や定められた手続きに基づいた支援活動であることを示すためです。

⑥**支援活動の結果を資料として蓄積するため**

　支援活動の内容と結果を資料として蓄積することは、ワーカーがよりよい支援を行うために必要であり、そのためにも記録をしっかり残さないといけません。この記録は、教育や調査にも活用され、ソーシャルワークを向上させます。

（3）SSW が扱う記録の種類

① SSW のケース支援に関するもの

- ☐ ケース受付票
- ☐ フェースシート
- ☐ インテークシート
- ☐ 基本情報シート（アセスメントシート）
- ☐ プランニングシート（支援計画）
- ☐ 面接記録（家庭訪問記録）
- ☐ 観察記録
- ☐ 経過記録
- ☐ カンファレンスシート（ケース会議シート）

② SSW の業務報告に関するもの

- ☐ 日報：活動日の動き（時間軸が必要）
- ☐ 月報：月ごとのケース数や担当校数、出席した会議などを記録（各自治体フォーム有）
- ☐ 年報：1 年間の SSW 活動の内容まとめ、効果と評価の分析　等

（4）記録の留意点

　記録は、クライエントのために書き、残します。そのため、客観的事実を正確にとらえ、適切に表現できる言葉を選択しなければなりません。また、連携・協働のためにも、人に伝わるように記述していきます。マッピング技法も使います。

　このような記録は、個人情報保護とプライバシー尊重を常に意識しなければなりません。業務上必要な範囲にとどめることが基本です。さらに、保護するために、記録は学校や教育委員会などの鍵のかかるキャビネットに適切に保管されるべきです。

（野尻紀恵）

⑨ SSWへの初任者研修とスーパービジョンの必要性

（1）SSW初任者研修

　わが国のSSWは確実に増加傾向にあるなか、重要な課題の一つとなるのがSSWの質の担保です。事業の普及拡大に伴い、自治体の中には初めて学校現場に入るSSWのための初任者研修などを行っているところもあります。しかし、SSWの研修予算を確保している自治体は極めて少なく、SSWは活動する自治体の実情に鑑みて、必要に応じて自らそのような機会を創出していく努力や工夫をしていかなくてはなりません。例えば、SSWに関連する学術団体（ex. 日本学校ソーシャルワーク学会）や職能団体（ex. 各都道府県の社会福祉士会や精神保健福祉士協会）などが主催する研修会等に参加するなどして、SSWとして求められる基礎的な実践力の習得に向けた自己研鑽を積み重ねていく必要があります。近年では、一般社団法人福岡県スクールソーシャルワーカー協会のようにSSWの職能団体も増えていることから、活動を行う地元の情報を集めて積極的に研修への参加を心がけましょう。

（2）初任者研修プログラム

　表5はA市教育委員会で行われている初任者研修の日程表です。そのプログラムについては、SSWと教育委員会担当者の間で話し合いを重ねながら、毎年度の実情に合わせて計画を立てているそうです。この年は「基礎」・「価値」・「知識」・「技術」の4つの柱で研修を構成しています。「基礎」では、就業規則や接遇マナーなど社会人としても心得ておきたい事柄の習得を目指します。また、SSW同士の結束を高めるためのピアサロンも重要な取り組みです。「価値」では、ソーシャルワーカーとして必須である倫理綱領を復習した後、自己覚知やSSWとして自覚すべき基本姿勢などを学んでいきます。「知識」では、学校組織や文化を最初に学びます。この表には記載されていませんが、学校関係のテーマについては、教育委員会の担当指導主事などが講師を務めています。機関連携のあり方については、先輩SSWからより具体的な例示を基にして実践的な理解を深めていきます。スクール（学校）ソーシャルワーク論や「技術」に設定されているスクール（学校）ソーシャルワーク演習はスーパーバイザー（大学教員）により講義・演習が行われます。その他にもプレゼンテーションや事例検討など学校現場での活動を見据えた実践的な内容も含まれています。これらは全てSSWによる発案から始まったものです。皆さんが活動を行う自治体でも、できるところから着手してみてはいかがでしょう。

表5　平成〇年度　A市教育委員会スクールソーシャルワーカー初任者研修日程表

表5　平成〇年度　A市教育委員会スクールソーシャルワーカー初任者研修日程表

番号	分野	名称	目的	内容
1	基礎	就業規則	A市職員として勤務するうえでの心構えをつくる。また、就業規則等について理解する。	就業規則に関する説明を行う。（勤務時間、休暇取得、提出書類など）
2		接遇マナー	社会人として必要な接遇マナーを習得する。	基本的な接遇マナーに関する講義・演習等を行う。
3		A市教育委員会のSSW体制	A市教育委員会SSWとして勤務するうえで、理解しておくべき組織体制について学ぶ。	A市教育委員会SSWの業務内容や組織体制についての説明を行う。
4		ピアサロン	A市教育委員会で活動するSSW同士の関係づくりを目指す。	現任者と初任者が特定のテーマについて自由に話し合う。
5	価値	ソーシャルワーカーの倫理	ソーシャルワーカーとして基本的に身につけておくべき価値観・倫理観について理解する。	ソーシャルワーカー倫理綱領に関する講義・演習等を行う。
6		自己覚知のためのグループワーク	自己覚知を通して実践に向けた課題を整理する。	自己覚知に関する演習をした後、グループ間でディスカッションを行う。
7		A市教育委員会SSWの基本姿勢	A市教育委員会SSWとして全員が共通理解しておくべき基本姿勢について学ぶ。	A市教育委員会のSSWの基本姿勢についての解説。
8	知識	学校組織	実践のフィールドである「学校」が、どのような組織体制で運営されているのかを理解する。	学校の教職員、校務分掌、学校の役割等について解説、演習を行う。
9		機関連携	実践を展開していくうえで必要な関係機関の役割、機能について理解する。	関係機関、関連法制度、制度施策等について講義を行った後にグループワークで理解を深める。
10		スクール（学校）ソーシャルワーク論	スクール（学校）ソーシャルワークを基盤にした面接技法、アセスメントの視点、ケースマネジメントなどを習得する。	スクール（学校）ソーシャルワーク実践に必要な理論等について講義・演習を行う。
11	技術	スクール（学校）ソーシャルワーク演習	実践的なスクール（学校）ソーシャルワーク実践方法を演習を通じて習得する。	スクール（学校）ソーシャルワーク実践場面を想定した面接やケースマネジメントなどの一連の過程を演習する。
12		プレゼンテーション	SSWに必要なプレゼンテーション技術について実際の演習を通じて習得する。	各自テーマを設けて初任者が実際にプレゼンテーションを行う。
13		事例検討	実践的な思考、技術等を習得する。	事例検討を行う。
14	その他	まとめ	研修全体を踏まえたまとめを行い、実践者としての心構えをつくる。	研修を通じて学んだ、A市教育委員会におけるスクール（学校）ソーシャルワーク実践の在り方についてまとめを行い、最後に全体会で報告を行う。

※都合により内容の一部を改編しています

（3）SSWに対するスーパービジョンの必要性

　近年、全国的にスーパービジョン体制を導入する自治体が増えてきています。スーパービジョンは指導的役割にあるスーパーバイザーと現任者（SSW）のスーパーバイジーにより構成されます。スーパービジョンには3つの機能があり、多忙を極める業務の整理（管理的機能）や新たなる知識や技術の獲得（教育的機能）、さらには実践内容に対する評価（支持的機能）など、一人では点検できないことを協働的に確認していきます。また、このスーパービジョンにはマンツーマンで行う「個人スーパービジョン」、スーパーバイザーと複数のスーパーバイジーで構成される「グループスーパービジョン」、現場でスーパーバイザーから直接的に指導を受ける「ライブスーパービジョン」、そしてスーパーバイジー同士で行う「ピアスーパービジョン」などの形態があります。スーパービジョン体制が導入されていない場合、他自治体のスーパーバイザーに協力をしてもらい、必要に応じてスーパービジョンを受けている人もいます。また、近隣自治体で勤務するSSW同士でネットワークをつくり「ピアスーパービジョン」を実施しているところもあります。

（奥村賢一）

第2章 SSWの活動の留意点

❶ 学校という場の特徴を踏まえたSSWの支援活動

（1）学校という場の特徴

　SSWが児童生徒の個別支援を展開する場合も、ほかのソーシャルワーカーと同様に、インテーク（エンゲージメント）・アセスメント・プランニング・インターベンション・モニタリング・エヴァリュエーション・クロージングというソーシャルワークの援助プロセスに基づいて行います。ただし、支援の起点となる場が学校ということから、学校に勤務するSSWと他の機関に勤務するソーシャルワーカーとの間には、児童生徒や保護者との出会い方に大きな違いがあります。

　学校以外の機関（例えば、児童相談所や家庭児童相談室、障害者相談事業所など）は支援を目的としており、誰かからの相談があってはじめて支援者の関与が始まります。一方で、学校は、児童生徒が教育を受ける場です。現在の日本において、学校に児童生徒たちのセーフティーネット機能が集中している現実もありますが、そもそもは、支援を受けることを目的として通う場所ではありません。

　学校は、問題を抱えている子どもも、そうでない子どもも所属している場所です。そのため、SSWも学校に勤務する教職員の一員として、今、問題を抱えていない児童生徒にも出会い、いじめ、虐待、自殺などの予防的なかかわりができるのです。そこに学校という場の大きな特徴があり、SSWが学校に勤務することの価値があります。

（2）SSWが相談を受けるルート

　このことを踏まえると、SSWが、児童生徒に関する相談を受けるというときにも、表6のようなルートがあることを知っておくことが重要です。

　ア・ウは、学校便り等を通して、SSWへの相談日や申し込み方法、相談できる内容例を周知している場合があります。児童生徒や保護者がSSWに相談するためには、相談を受けられる体制整備が重要です。

　イは、給食時間や休み時間や家庭訪問時など、SSWが児童生徒と過ごしている中で、会話や子どもたちの行動から気づく場合です。いじめや、虐待が疑われるような発言などが聞かれる場合もありますが、本人は「相談」をしているつもりはないことが多いということに留意することが必要です。

表6　スクールソーシャルワーカーが児童生徒に関する相談を受けるルート

児童生徒からSSWへの直接相談		ア	児童生徒がSSWに相談できる方法を周知しており、児童生徒が自ら相談する場合
		イ	児童生徒と一緒に過ごす時間があり、その中でSSWが「支援が必要」と判断するような情報を得た場合
保護者からSSWへの直接相談		ウ	保護者がSSWに相談できる方法が周知されており、保護者が相談を申し込む場合
支援者からの相談	他機関からSSWへの相談	エ	児童生徒から教職員に相談があったケースについての相談
		オ	保護者から教職員に相談があったケースについての相談
		カ	他機関から教職員に相談があったケースについての相談
		キ	児童生徒からの相談はないが、教職員が支援の必要性をもっているケースについての相談
		ク	教職員との会話や校内会議の中で、SSWが「支援が必要」と判断するような情報を得た場合
	教職員からSSWへの相談	ケ	他機関にSSWの配置形態が周知されており、個別ケースへの関与依頼がある場合
		コ	要保護児童対策地域協議会等、関係機関が集まる会議の場で、SSWが情報を得た場合

出典：金澤ますみ（2021）「第4章第4節　スクールソーシャルワーカーの役割・表4-1」一般社団法人日本ソーシャルワーク教育学校連盟編集『現代の精神保健の課題と支援』中央法規　92頁　2021に加筆・修正

　エ～クは、教職員からSSWへの相談から始まる、児童生徒支援です。その中でも、SSWはキのルートで相談を受けることが多いのではないでしょうか。例えば、「学校の欠席が長期にわたっており、なかなか会えない」、「遅刻が多く朝食を食べてこないことが多いため、登校しても元気がない」、「けがや病気で、保健室に来室する回数が増えているが、保護者に連絡しても病院受診につながらない」など、その状態の背景にネグレクトや家庭の経済状態が影響しているのではないかと推察されるケースがあります。しかし、児童生徒にとってはその暮らしが常態化しているため、相談することにはつながらないという場合です。

　つまり、SSWは、アウトリーチからはじまる支援が多いという特徴があるということです。そのため、児童生徒の意見や願いがわからない段階からチーム支援は始まっているという視点が重要です。この時、児童生徒のニーズは、あくまでも「仮説」であることを教職員が共有し、児童生徒の気持ちや願いを知ろうとする関係づくりも支援計画の中に位置づけていくことが重要です。児童生徒のニーズと保護者のニーズが異なることが生じることも含めて、チーム内での共通認識を図っていく必要があります。

（金澤ますみ）

② アセスメントに必要な基本情報

（1）SSW によるアセスメントの特徴

　アセスメントを行う際、当事者の"ストレングス"に焦点を当てることは、SSW に限らず全てのソーシャルワークの領域で共通する専門的視点です。ストレングスは「強み」や「長所」と直訳されますが、具体的には個人がもつ「能力」、「自信」、「熱望」などを指します。さらには、当事者を取り巻く環境にも着目して、「（社会）資源」、「（人間）関係」、「（活動参加）機会」等にもストレングスを見出します。そのうえで SSW の特徴は、子どもの教育を保障していくために、このストレングスの視点を用いてアセスメントを進めていくことにあります。

　一方、ストレングスの対義語として用いられるのは"ウィークネス（Weakness）"です。これは個人の欠点・欠陥・短所等を中心にとらえるため、SSW とは対照的な視点となります。当事者の"できないこと"に着目するのではなく、"できること"に目を向けて当事者のエンパワメントにつなげていくためのアセスメントを行っていくことを SSW は心がけていきましょう。

（2）アセスメントの留意点

①情報収集

　SSW は支援過程において、当事者の周辺情報を数多く入手していきます。そのため、個人情報の取り扱いやプライバシー保護については細心の注意を払いましょう。これは対人援助職として当然のことだと皆さん思われるでしょうが、アセスメントを通して多くの情報を得る SSW は、このことについて常に敏感であることが求められます。支援に必要な情報だけを集めることは言うまでもなく、それらの管理には不用意にもち歩くことを避け、暗証番号付きの USB メモリに保存して、指定された場所で厳重に管理するなど徹底するようにしてください。

②状況分析

　皆さんのアセスメントは情報収集だけになっていませんか。アセスメントとは、「情報収集＋状況分析」で一つの括りになります。活動を通して得た情報を状況分析していくことでアセスメントは成立します。この分析の際に用いる"状況"とは、"環境"に置き換えることができます。すなわち、ソーシャルワークの専門的視点である"人と環境の相互（交互）作用"に情報を当てはめていくことで、当事者の生活課題を明らかにしてプランニングへとつなげていきましょう。

【引用・参考文献】
・門田光司・奥村賢一『スクールソーシャルワーカーのしごと―学校ソーシャルワーク実践ガイド』中央法規　2009

チェックリスト

　下記１〜５のアセスメント項目は基本的な内容を表記しています。当該児童生徒の状況により、その質量については臨機応変に対応していきましょう。

１．対象児童生徒
　□　基礎情報（氏名、年齢、性別、生年月日、身長、体重等）
　□　相談概要（相談主訴、相談に至る経緯、それ以前の支援経過等）
　□　健康状況（疾病【慢性疾患の有無等】、障害【障害種別、部位等】等）
　□　成育歴（出生時、定期健診、幼児教育および保育環境など就学前の状況等）
　□　交友関係（良好・不良な関係にある子ども・大人【家族・教師・その他】等）

２．学校
　□　基礎情報（在籍校、在籍学級、担任教諭、委員会・係活動等）
　□　出席状況（登校状況、遅刻、早退、欠席、欠席時の家庭連絡等）
　□　学習能力（基礎学力、成績、科目による得意・不得意傾向、授業態度、宿題等）
　□　集団適応能力（集団行動、学校行事への参加）
　□　その他（給食時の様子、就学援助の利用有無、給食費納入状況、学用品準備等）
　□　保護者の学校行事への参加度

３．家庭
　□　家族構成（名前、年齢、所属、同居・別居）
　□　経済状況（生活保護の受給有無、就労状況、その他利用している制度等）
　□　家庭情報（居住形態【持家・賃貸他】、電気・ガス・水道等のライフライン等）
　□　生活状況（生活リズム、食生活、生活上のルール、生活習慣等）
　□　家族関係（同居・別居する家族との関係性、近所にいる親類縁者等）

４．地域・関係機関
　□　地域活動（地域行事・町内会・子ども会への参加状況等）
　□　地域住民とのつながり（当該家族のキーパーソンおよび関係性等）
　□　支援機関（機関名、部署、役職、視覚、担当者、これまでの支援経過等）
　□　制度・サービス（当事者が利用しているもの、利用可能なもの等）

５．ソーシャルワークの視点
　□　当事者（子ども、家族）の声（思い）
　□　当事者のストレングス（個人・環境）
　□　当事者の家族構成（ジェノグラムを用いて図式化）
　□　当事者と関係する人や環境との関係性（エコマップを用いて図式化）

（奥村賢一）

③ ケース支援の中にケース会議を位置づける

（1）ケース会議の目的

　ケース会議を実施し、ケースのアセスメントとプランニングを共有することで、支援内容が関係するメンバーの目に見えるかたちになり、校内支援体制や地域の関係機関等とのチーム対応につなげていくことが可能になります。

　ケース会議には、校内の教職員のみで行う校内ケース会議と他機関を含めて行う連携ケース会議があります。

（2）ケース会議の中で行うソーシャルワークの援助過程

　SSW は、「ケース会議」の中でソーシャルワークの援助過程を展開します。学校で、「気になる子どもがいる」と教職員から相談をもちかけられた時点からケースへの関与が始まります。学校として何を課題としてとらえ、実際何に困っているのかを明確にし、校内チームでの検討が必要であれば、CO 教員と協力してケース会議の準備を始めます。

　ケース会議の準備においては、ケースを検討するために必要な情報を共有し、情報収集を行います。必要に応じて、SSW 自身が登校している子どもの行動観察等を行うこともあります。そして、ケース会議の日時を決定し、ケース会議のメンバーを選定します。対象の子どもに現在深くかかわっている、もしくは過去にかかわっていた教職員や機関に参加してもらうのがよいでしょう。

　ケース会議を実施する際には、会議の目的を設定します。例えば、「授業中に立ち歩きが激しいときに、どのように対応するか」等、具体的に学校生活の中で困っていることを中心において検討を始めます。

　SSW は、ケース会議の中で共有される情報を整理し、アセスメントに必要な視点を随時投げかけながら、子どもの行動の背景について、メンバーと共に理解を深められるよう努めます。困難なケースほど対処方法の話題に流れる傾向があるため、ホワイトボードなどにエコマップを描いて、子どもを取り巻く環境を目に見える形でメンバーに示し、アセスメントを共有する手法も効果的です。

　プランニングにおいてはアセスメントをもとに支援目標を定め、「誰が」「誰に」「いつ」「どこで」「何を」「する」のかを具体的に役割分担します。この時、ケース会議が終わればすぐにできることを最低一つは決めることが重要です。最後に、次の会議の日程を決めて会議を終えます。

　会議後は、ケース会議で決めたことが実施されるよう、メンバーと声をかけ合いながら、経過を見守ります。2 週間以上、効果が現れなくても、支援を継続するよ

1）アウトカム評価：援助によってもたらされた結果について分析する評価方法
2）プロセス評価：援助の過程を分析する評価方法

うに支えましょう。

　第 2 回ケース会議では役割をもった人の支援を中心に振り返り、評価を行います。うまくいったことは、なぜうまくいったのか、うまくいかなかったことは、なぜうまくいかなかったのか、新たな課題は何か、足りない情報や役割は何か、といったことについて、再度検討します。この時、アウトカム評価[1] のみならず、プロセス評価[2] の視点をもつことが大切です。

チェックリスト

1．事前準備

□ ケース会議で検討する内容を明確にする
□ ケースを検討するうえで必要な情報を収集する
□ ケース会議の日時と場所を決定する
□ ケース会議のメンバーを選定する
□ 司会を決める

2．ケース会議の実施

□ 会議に参加したメンバーが発言しやすい規範をつくる
□ アセスメントを深める工夫を行っている
□ 子どもの思いが反映されている
□ メンバーが子どもや家族にかかわる気持ちになっている
□ 十分なアセスメントに基づいた実行可能なプランニング
□ 次回会議の必要性の確認と日時の設定

3．事後対応

□ 記録をまとめる
□ ケース会議で決定したことが、実行に移されているかどうかを確認する
□ 職員会議などの場で校内での情報共有を行う
□ 必要であれば連携する関係機関への経過報告を行う

（郭 理恵）

④ SSW が行う面接

（1）SSW が行う面接の特徴

　SSW が行う面接の主な特徴は、支援対象となる子どもの「教育」と「生活」に視点を置いた実践を展開していくことにあります。

　まず、「教育」に視点を置くということは、私たち"スクール"ソーシャルワーカーの第一義的な使命である子どもの教育を受ける権利や機会を保障していくことを常に意識して支援（面接）を行うことです。子どもが抱える課題は各々異なりますが、一人ひとりに応じた支援の先には子どもの教育保障が目標としてあることを心がけ面接に臨みましょう。

　次に、「生活」に視点を置くということは、子どもの学校・家庭・地域の各生活状況に着目しながら情報収集を行い、その本質的な課題として生活状況が影響を及ぼしていないかを分析していきます。例えば、学校で集団不適応や問題行動等を起こす子どもの面接を行う際も、その背景（要因）には様々な人や環境の関係性が影響を及ぼしていると捉えることで、子どもを多面的に理解することにつながり、個人の責任を追求することを回避した協働的な支援の可能性を広げることになります。

（2）活動の留意点

　SSW の活動形態は、大きく分類して直接的な支援を中心とする「配置型」と間接的な支援を中心とする「派遣型」に分けられます。

　「配置型」の場合、基本的には学校を拠点に活動をするため、面接においても子どもや保護者、さらには教職員等の日々の「変化」を感じとりながら臨む必要があります。継続的な支援が可能な事例も多いことから、時間をかけながらでも信頼関係を築くことに重点を置き、段階的かつ計画的に面接を実施するよう心がけましょう。また、配置型では、活動形態の利点を活かしたアウトリーチを積極的に行うために、面接を効果的に活用していくことで問題を抱える子どもの早期発見や未然防止に取り組むことができます。

　一方、学校からの派遣依頼に応じて教育委員会等から出向く「派遣型」の場合、一度の面接で対象者のニーズを把握し、それらをある程度まで満たしていく必要があることから、高度な専門性が要求されます。その際に留意すべきはケースマネジメントのプロセスです。アセスメント→プランニング→モニタリングを意識して面接を組み立て、具体的な方策を導き出すよう心がけましょう。特に、対象者の「困り感」に焦点を当て、短期的に一定の結果が導き出せる目標を設定していくことが重要になります。

【参考文献】
・門田光司・奥村賢一監修、福岡県スクールソーシャルワーカー協会編『スクールソーシャルワーカー実践事例集—子ども・家庭・学校支援の実際』中央法規　2014

チェックリスト

1．事前準備

☐ **面接の約束（アポイントメント）をとる**

面接の目的を説明したうえで、必要な時間（例「○時から○時までの60分」）、場所（例「○階の○○室」）、参加者（例「担任とSSW」）、内容（例「A君とのトラブル」）などを伝え、対象者より事前に約束をとるようにしましょう。

☐ **場所（部屋）の選定**

対象者が過剰な緊張や不安を抱えることがないよう、面接内容に応じて場所（部屋）を選びましょう。特にプライバシー保護の観点から、声(聞こえる)や様子(見える)が漏れることのないよう最大限の配慮を心がけてください。

☐ **座席位置や面接環境の整備**

面接の内容や対象者との関係性に応じて、座席位置や距離感を調整するようにしてください。また、学校などで面接を行う際は、部屋の温度、明るさ、騒音などは注意を払い、対象者が面接に集中できるような環境づくりを行いましょう。

2．面接時（※学校等で行う場合）

☐ **対象者の迎えと見送り**

時間に余裕をもって対象者を玄関や部屋の前で待ち構えるようにしましょう。絶対に対象者を待たせたりすることはないように注意してください。

☐ **プライバシー保護と守秘義務の説明**

「話したくない質問には答えなくて良い」ということや、面接を通して知り得た情報は当人の了解を得ずして他言しないことを必ず約束しましょう。また、記録も同様で、「○○（目的）のため、記録をとってよいですか？」と確認をするようにしてください。

☐ **次回の約束（日程が決まらない場合は、日程調整をする日を決める）**

SSW自身のスケジュールを事前に確認し、面接の最後には次回以降の約束ができるよう準備をしておきましょう。その際、こちらの都合を優先するのではなく、対象者に希望を複数提示してもらったうえで、日時を選定していくことをお勧めします。

3．事後対応

☐ **記録の整理**

結果（内容）については、面接後にすみやかに記録をまとめるようにしましょう。何よりも「記憶」より「記録」が重要です。この時、主観と客観、または時系列などを意識して情報の整理を行うと、危機介入や機関連携の際に有効です。

（奥村賢一）

⑤ SSW が行う家庭訪問

（1）SSW が行う家庭訪問の特徴

　SSW が行う家庭訪問には、教職員と一緒に出向く「協働型」と SSW が一人で出向く「単独型」があります。子どもや保護者と良好な関係にある場合は、基本的に「協働型」を選択することが望ましいです。しかし、学校や教職員に対して子どもや保護者が拒否的な態度を示す場合、または家庭訪問で取り扱う話題（内容）次第では教職員が同席することが適当でない場合などには、「単独型」を選択することがあります。「単独型」で家庭訪問を実施する際は、事前にケース会議等で教職員と協議を行い、その意義や目的について共通理解を図ることが重要です。それを怠ると教職員が SSW に家庭訪問を「丸投げ」することが増えるようなり、このことが常態化すると SSW の活動に対する誤った理解を植え付けるだけでなく、教職員による家庭訪問を心待ちにする子どもや保護者に対しては、その思いを裏切ることにもなりかねません。また、SSW の家庭訪問は、アセスメントにも重点を置きます。具体的には、①子どもの家庭での生活状況、②子どもの家族との関係性、③家族（家庭）が抱える生活課題など、様々な情報を収集してソーシャルワークの視点から状況分析を進めていきます。

（2）活動の留意点

　家庭訪問で最も留意点すべきは、子どもや保護者等のプライバシーを守るということです。自宅というプライベートスペースに訪問することを十分に理解して、家庭訪問をするように心がけましょう。例えば、アパートやマンションなどの集合住宅に住む子どもの自宅に家庭訪問をする際、近隣住民と遭遇することも少なくありません。学校関係者が日中や夜間などに家庭訪問をする姿を目撃されると、何かしらあらぬ噂が立つかもしれません。最低限のマナーとして、名札を外すことやインターフォン越しに所属や職名などを声に出すことは極力控え、名前のみを伝えるなどの配慮をしましょう。玄関先で会話をする場合は、その内容が周囲に漏れ聞こえる可能性もあるため、声のボリュームやトーンも十分に気をつけてください。また、自宅内で話をしたい場合は、家庭の都合等も考慮して事前に電話等でそのことを打診するようにしましょう。また、自宅で子どもや家族と話をする際は、面接と同じく最初にプライバシー保護や守秘義務に関する説明を行い、子どもや保護者等の心理的な不安や負担を軽減するようにしましょう。加えて、メモをとるなどの行為も極力控えるように心がけます。必要な場合は前もって許可を得ることも忘れないようにしてください。

【参考文献】
・門田光司・奥村賢一監修、福岡県スクールソーシャルワーカー協会編『スクールソーシャルワーカー実践事例集―子ども・家庭・学校支援の実際』中央法規　2014

チェックリスト

１．事前準備

□ **家庭訪問の目的を明確にする**

事前に家庭訪問の目的を担当者間で確認をするようにしましょう。家庭訪問では対象者（子どもや保護者）と会うことができないこともあります。その場合はどのような情報を収集してくるかも、あらかじめ打ち合わせをしておくようにしましょう。

□ **持参物（学校だより、宿題プリント、手紙 他）を準備する**

プリント類を手渡すことは、対象者（子どもや保護者）への重要なメッセージになります。ただし、過剰になると登校刺激としては逆効果になることも多いので、ケース会議等で丁寧に検討するようにしてください。

□ **家庭訪問の約束（アポイントメント）をとる**

面接と同様になるべく対象者（子どもや保護者）へ事前に打診をするように心がけましょう。やむを得ない事情（緊急時や長期にわたり安否確認ができない 他）がない限り、突然の家庭訪問は避けるようにしてください。

２．家庭訪問時

①子ども・家族に会えた場合

□ 子ども・家族の受け入れ状況（表情、態度、健康状態、対話への積極性 他）

□ 子どもの学校と家庭での様子（類似点、相違点 他）

□ 子どもの家庭での生活状況（リズム・習慣・技能 他）

□ 次回の約束　※必要時

②子ども・家族に会えなかった場合

□ 訪問日時（曜日、時間帯、天気 他）

□ 生活実態の把握（カーテン、洗濯物、新聞受け、ポスト 他）

□ その他（自転車、自家用車等の移動手段の有無 他）

□ メモを残す　※必要時

３．事後対応

□ **記録をまとめる**

"家庭訪問シート"のような連絡ツールを作成し、支援の根拠となるデータとして日々蓄積していくことが望ましいです。

□ **校内支援チームのメンバーへの報告・連絡**

□ **連携する関係機関への報告・連絡　※必要時**

（奥村賢一）

・門田光司・奥村賢一『スクールソーシャルワーカーのしごと―学校ソーシャルワーク実践ガイド』中央法規　2009

6 SSW が行う同行支援

（1）SSW が行う同行支援の特徴

　同行支援とは、子ども・保護者等（以下、当事者）と行動を共にして、目的に応じた直接的支援を実施することを意味します。例えば、子どもであれば学校復帰に向けた教育機関（適応指導教室、フリースクール等）の体験利用、健康不安や発達課題を抱える場合は医療機関や福祉機関などへの通院・通所、保護者であれば必要な福祉サービス等の利用申請に向けた手続き等への同行があげられるでしょう。

　SSW が行う同行支援は、単に当事者に寄り添い側面的な支援を行うのではなく、必要に応じてその声を周囲に代弁する「アドボカシー活動」としての機能を重視しているのが特徴です。そのためには、同行支援の前段として当事者との地道な信頼関係づくりが重要になってきます。日常生活で抱える様々な思い（不安、悩み、葛藤等）を受容・傾聴・共感の態度を示して聞き出していくだけでなく、固有の文化や多様な価値観にも目を向けて、言語化することができないメッセージも丁寧に拾い上げていくことが求められます。SSW が行うアドボカシー活動は、周囲の人々と対決する姿勢を示すのではなく、当事者理解を深めて協働的なパートナーシップを築いていくことを目指していきます。

（2）活動の留意点

　同行支援は家庭訪問などと同様に校外で取り組む機会が多いことから、まずは同行支援の目的や方法について当事者や教職員と共通理解を図っておくことを心がけましょう。特に同行支援の方法を共有する場合は、その範囲として何をどの程度まで行うのかということをきちんと確認しておく必要があります。それは、SSW が教職員の見えないところで独断的に行動することを予防するだけでなく、学校支援チームの一員でありながら、"スクール"ソーシャルワーカーとしての役割を超えて、他機関・他職種の業務を担う状況を回避するためです。SSW の本来的役割は子どもの"教育保障"にあります。そこから逸脱した同行支援は SSW の業務ではないということを常に念頭に置いて行動してください。

　その他、同行支援の留意点としては、SSW が何もかもやり過ぎないということです。それは当事者ができることや挑戦すべきことまでも、失敗や傷つき体験を回避したいとの思いから SSW が代行してしまうことを指します。当事者の自信や意欲を高めていくことも同行支援を行う目的の一つです。その状況に応じて同行支援の介入レベルは異なりますが、最終的には問題解決に向けた当事者のモチベーションにつなげていきます。

【参考文献】
・門田光司・奥村賢一監修、福岡県スクールソーシャルワーカー協会編『スクールソーシャルワーカー実践事例集―子ども・家庭・学校支援の実際』中央法規　2014

チェックリスト

1．事前準備

☐ **同行支援の目的を明確にする**

同行支援を通して「何を目指すのか」「誰のために行うのか」「どの程度（範囲）まで行うのか」などについて、ケース会議等を開催して支援チームの間でコンセンサス（合意）を得るようにしましょう。

☐ **事前の下見**

公共交通機関を利用する場合は、所要時間や乗り継ぎ等の時刻も把握しておきましょう。時間の約束がある場合などは余裕をもったスケジュール設定をします。

☐ **担当者との打ち合わせ　（※必要時）**

簡単な打ち合わせであれば電話でも構いませんが、慎重な対応が求められるような場合は可能な限り現場に出向いて、担当者と丁寧な打ち合わせをしましょう。

☐ **当事者との確認**

事前に当日のスケジュール等の確認を行います。資料を用意するなどして確実に共通理解を図るようにしてください。

2．同行支援時

☐ **待ち合わせ**

対象者を待たせることなく、早めに行動して待ち受けるように心がけましょう。

☐ **当日のプランの再確認**

事前に打ち合わせした内容を再確認します。直前に変更されたことなどがあれば、それについても最初に連絡するようにしてください。

☐ **移動時間**

当事者が緊張をする場面も少なくありません。移動時間などを利用して、緊張を和らげるようなコミュニケーションなどを心がけましょう。

☐ **活動場面での代弁**

代弁が必要な場合は、周囲の人たちと対決するのではなく、当事者理解を深めてもらえるような情報提供という意識をもって対応するようにしてください。

3．事後対応

☐ **振り返り**

きちんと場所と時間を確保した振り返りが難しい場合は、帰りの移動時などを利用して当事者と一緒に活動の振り返りをしましょう。その際、SSW はリフレーミングなどの技法を用いて当事者のストレングスの強化を心がけましょう。

（奥村賢一）

・門田光司・奥村賢一『スクールソーシャルワーカーのしごと―学校ソーシャルワーク実践ガイド』中央法規　2009

第3章 SSWの個別支援の実際

① SSWの援助プロセス

（1）ソーシャルワークの実践

　SSWは、ソーシャルワーカーとしての実践を発展させ、援助を必要としている方々に必要な支援を的確に届けなければなりません。例えば、経験のみに頼るような実践のあり方では、専門職者として限界があります。支援を有効に展開していくために、関連する科学の知識を活用しながら、ソーシャルワークの価値観に基づいた支援活動を行うスキルが必要です。実践現場において正確な知識とスキルを高めていくためには、ソーシャルワークの理論モデルを検証していくことが重要です。

　支援の対象となる子どもたちも、子どもを取り巻く家族や友人や教員も、それぞれの価値観をもち、多様な生活課題を抱えています。その生活状況をどのように理解し、どのようなソーシャルワークのスキルを活用すれば、子どもたちの生活がより良い状況に変容していくのでしょうか。子どものニーズと家族や学校としての方針の狭間で支援方向がズレそうになることもあります。また、SSWを雇用する教育委員会の体制や機能の限界、地域の社会資源の不十分さも、一人の子どもを支援することを困難にさせる要因となることもあります。また、そのような支援活動の中で、SSW自身も様々な価値観との狭間に陥り、ジレンマを感じることも多く起こります。そのような専門職者としての揺れを感じながら、SSWは学校を場として、子どもの支援に向き合っていきます。

（2）ソーシャルワークのプロセス（後述の基本情報シートの事例を使って）

　では、SSWは実際にどのようなプロセスで支援を展開していくのでしょうか。SSWは、どのようにしてケースの問題を確認し、その問題の原因を明らかにし、対策をどのように立てているのか、そのプロセスの中で分析力や、判断力をどのように発揮し、解決策を組み立てていくのでしょうか。後述の基本情報シート・カンファレンスシートの事例を使い、SSWの援助プロセスの流れに添ってみていきましょう。

①インテーク

①担任からSSWに相談。30分〜1時間の遅刻が多く、授業中に眠ってしまうことがよくある。学習が定着しておらず、九九もまだ不十分な状態である。生活リズムが整っていないようなので、担任が保護者に連絡を入れると「気をつけます」と返事は返ってくるが、Aの生活の変化は見られず、解決策が見えない。SSWは他のきょうだいや母親の状況把握に動く。また、SSWの視点で児童の授業中の様子を観察し、観察記録を作成。担任からは事実についての情報収集。

②アセスメント

②SSWは担任と一緒に基本情報シートを作成。Aについての第1回ケース会議を実施するために情報を整理する。担任の困り感は、Aの遅刻、授業中の居眠り、学習意欲の低さ、無気力さであったが、ケース会議の検討内容を「Aの生活リズムを整えるために、本人や家庭にどのような働きかけができるかを検討する」と具体的に定めた。具体的検討事項であるため、アセスメントを比較的明確に行うことが可能になる。このように、検討事項の具体化が必要。

③プランニング

③第1回ケース会議でプランニングを行う。特に短期目標が重要。この短期目標へのより具体的なアプローチを決める。誰が誰に何をするのかという具体的な手立てを考えていく。本ケースの場合、ネグレクトの疑いがあるため市に要保護児童通告を行い家庭児童相談室と連携を図ることになった。これらの進行状況をモニタリングするために、次回のケース会議開催日を決定しておくとよい。

④インターベンション

④プランニングで行った目標に向け、「誰が」の役割を担った者が、「誰に」に当たる対象に働きかける。働きかけた結果や、様子の事実をSSWは把握・整理するとともに、児童の観察を続ける。

⑤モニタリング

⑤連携を図ることになった家児相、さらには金銭的な問題もあるため生保CW、きょうだいが在籍する中学校教員にも第2回ケース会議への出席を依頼する。他機関との間に子どもや家庭の個人情報のやりとりが発生する場合、細心の注意が必要。この場合はネグレクトで通告を行ったため、要支援対象の子どもとして個人情報の共有が可能。要支援ではない場合、原則、保護者や本人から情報共有の同意が必要。

(野尻紀恵)

❷ ケース会議　基本情報シート

基本情報シート　作成　○○年 6 月29日（　）　作成者　担任 D・教員 E

受付番号	**5**			
学校園名 **●● 小学校**	学年・組 **4 年 1 組**	氏名 **A**		性別 **男**
生年月日 **○○年　△月　××日（ 10歳）**	保護者	父：B 母：C	担任 **D**	相談種別

［相談に至る経緯・検討したいこと］

30分～1時間の遅刻が多く、授業中に眠ってしまうことがよくある。学習が定着しておらず、九九もまだ不十分な状態である。生活リズムが整っていないようなので、担任が保護者に連絡を入れると「気をつけます」と返事は返ってくるが、Aの生活の変化は見られない。今後、本人や保護者にどのように対応していったらよいか困っている。

［本人の欠席、遅刻状況］
今年度

	4月	5月	6月	7月	8月	9月	10月	11月	12月	1月	2月	3月	合計
欠席	2		2										4
遅刻	8	12	7										27

昨年度まで

	小1	小2	小3	小4	小5	小6	合計	中1	中2	中3	合計
欠席	1	5	8								14
遅刻											

［本人に関する基本情報］

成育歴	（どのように育てられてきたか）虐待・DV・転居・その他 要保護児童・要支援児童（　　　年　　月　～　　　年　　月　）
基本的生活習慣	睡眠時間（8.5時間）　起床時間（8～9時）　昼夜逆転・食事習慣・服装　等 朝ごはんを食べていない。何日か続けて同じ服を着ていることがある。
健康（身体・精神）	□慢性疾患　　　□障害（知的・身体・精神・発達）・その他
検査	WISC・その他（機関　　　　　　検査時期　　　　　　回数　　　　　）
手帳等の有無	☑なし　　□療育手帳　　□身体障害者手帳　　□その他（取得　　歳）
行動の特徴	□多動的　　□衝動的　　□不注意　　□反抗・挑戦的 □計画的　　□社交的

学校での様子	友人関係・教師との関係・学習場面等（気になるところ） 積極的にかかわりをもとうとせず、休み時間は一人で過ごしていることが多い。特定の友人はいない。担任が話しかけると人懐っこく話をする。
学習・学力	☑ 得意科目（図工　　　）☑ 苦手科目（算数　　　　） 基礎の積み上げがなく、書くことに時間がかかる。九九が不十分
興味・関心	☑ 得意なこと　（絵を描くこと　　　　　　　　　　　　　） ゲームの話題ではよくしゃべる
本人の願い	

[家族の状況]

エコマップ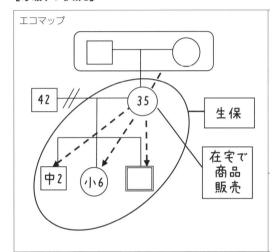	保護者等の状況（親子間、夫婦間の様子、祖父母等との関係など） 父：3年前に離婚 母：内職をはじめた。生活保護受給。 祖父母：（母方）遠方に住んでおり、昨年、母が骨折して入院していた時には、祖母が子どもの面倒をみにきてくれていた。その間は、遅刻はなかった。
	きょうだいの状況　※在籍校を記入すること 姉（小6）：学力が急激に低下 兄（中2）：中2から全欠

[家族に関する情報]

家庭の経済状況	☑ 生活保護　□就学援助　□経済困難 昨年11月より生活保護受給している。在宅で商品販売の仕事をしている。
保護者の状況	母は、最近内職（在宅で商品販売）をはじめたようだ。Aによると、仕事の関係で夜に家をあけることが多くなってきている。PTA役員を務めている。兄が小6の時には代表もしていた。他の保護者とのつながりがある様子はない。
保護者の願い	
関係機関とのかかわりと状況 ※担当者名を記入すること	□教育センター　□児童相談所　□家庭児童相談室 □医療機関（　　　　）□各種事業所（　　　　） □要保護児童対策地域協議会 □その他（　　　　　　）
特記事項 その他	Aは、兄から暴力を受けている。

③ ケース会議　カンファレンスシート

初回カンファレンスシート

（〇〇年7月5日（水）　第1回　ケース会議）作成日：〇〇年7月6日

氏名	A	男・女	4年1組	参加者	A担任、6年担任、教頭、校長、養護教諭、SSW、コーディネーター教員（CO教員）

〈検討事項〉　Aの生活リズムを整えるために、本人や家庭にどのような働きかけができるかを検討する

〈現在の状況・追加の情報〉

【Aの担任／今年から担任・教員3年目の男性】Aは遅刻が増えてきた。授業中も居眠りをしてしまうことが多い。宿題や提出物が出せていない。九九がまだ不十分。同じ服装の日が続くことがある。持ち物がそろわないことが多い。Aによると、兄は今年になってから中学校には行っておらず兄と夜遅くまでゲームをしており、「兄の言うことをきかないと殴られる」と言っていた。

【小6姉の担任／昨年から担任継続・教員25年目の女性】小6姉は、6年生になって学力が急激に低下。欠席はないが宿題や提出物が出せていない。友達が多いわけではないが、優しく友達との関係も良好。最近の1～2カ月はイライラしている様子があったため、本人と話をした。そのときに、6月にお金のことで母とけんかをしたことや、母の仕事が忙しいので、母の代わりに買いものをしたり、洗濯をしたりしていて宿題ができないことがあると話した。

　母は、社交的な印象。母は昨年まで二つの仕事をかけもちしていたが足のけがで入院後、失業。生活保護受給を開始。最近内職をはじめたが、仕事の関係で夜に家をあけることが多くなってきている。PTA役員を務めている。

【中2兄の小6時の元担任】小学校の時は、おとなしく目立たない子であった。足が速いことが自慢。学力は低かった。小6の時の夢は漫画家。

〈アセスメント〉

（ア）Aの遅刻については、母親が不在である日があったり、母以外にAやきょうだいをサポートする大人がいないことから、Aは、兄のペースにあわせた生活習慣になっている可能性が高い。昨年、母の入院中に祖母が面倒を見ていたときには遅刻はなかったことから、適切な促しができれば遅刻が減る可能性がある。現在の生活リズムであっても、遅刻をしながらでも登校できていること自体が、Aは十分に頑張っているという評価ができる。

（イ）学力については、九九が定着していないのは、学習環境が保障されていなかったことが考えられる。それは、両親の離婚によってひとり親家庭になったなど、家庭環境の変化してきた時期と重なっている。

（ウ）小6姉は、母を助けようと家事をがんばってきたようだが負担が大きくなり、宿題ができなかったり、提出物を忘れたりと学校生活に影響が出ていると考えられる。母やきょうだいを支えようという使命感がある。

（エ）母は離婚後、経済状況が厳しくなる中で、一人で頑張ろうとしてきたのではないか。

（オ）兄からAへの暴力がある点、姉の家事負担が学校生活に影響をおよぼしていることは、ネグレクトにあたる。

〈プランニング〉　長期目標：子どもたちの安定した生活と学習保障

短期目標	具体的手立て（誰が、誰に、どのようなかかわりを行うか）
①Aのストレングスを探す	担任は、授業や行事を通してAの好きなこと、得意なことを見つける。SSWは、授業観察や遊びを通してAの行動観察を行う。また、SSWとCO教員は、Aに関する情報を他の教職員から集める。
②小6姉が相談できる人をつくる	小6姉の担任は養護教諭と協力して、姉が放課後に保健室で「宿題ができる時間」を確保する。その中で、家のことや母のサポートも一緒に考えることを伝えていく。
③母と共通目標をもつ	Aの担任、姉の担任は懇談時に、学校での子どもの様子、子どもたちの良いところを伝え、母が子どもたちにどのように成長してほしいと思っているか尋ねる。母を責めないように気をつける。
④関係機関との連携	校長はネグレクト疑いで市に要保護児童通告を行う。SSWは通告書作成をサポートする。

◆次回開催日程　〇〇年7月20日

継続カンファレンスシート

（○○年7月20日　第2回　ケース会議）作成日：○○年7月21日

氏名	A	男・女	4年1組	参加者	4年・6年担任、教頭、校長、養護教諭、CO 教員、中学担任・生指、家児相、生保CW

〈検討事項〉　※要保護児童対策地域協議会の個別ケース検討会議として実施。

　Aの学習習慣の定着、および子どもたちの夏休み中の生活のサポートについて検討する

取り組んだことと、その結果（本人・家族の動き）

①Aのストレングスをみつける→Aは、図工のなかでも絵を描くことより、何かを作ることは好きなようである。SSWは2日間クラスに入り授業観察を行い、給食、休み時間、掃除時間もクラスの子どもたちと一緒に過ごした。理科の時間に教科書の星のページを眺めていたことから、SSWが休憩時間に「星、綺麗ね」と声をかけると笑顔になり、星座について教えてくれた。給食後の午後の授業は、苦手な科目でも声をかけると集中できる時間が長くなるようである。

②小6姉が相談できる人をつくる→担任から放課後に保健室で宿題の提案をしたところ、母に聞いてみないとわからないと答えたため懇談時に担任から母に話をし、本日までに1回実施することができたが、帰る時間を気にしていた。

③母と共通目標を持つ→懇談には時間通り来校。Aの担任には兄のように不登校にならないように学校に行ってくれていたらよいと話した。兄弟関係に話を向けると、「元夫が兄に手を挙げることはよくあったので」と話したが、深く聞こうとすると話をそらした。小6の姉の担任からは姉自身の頑張りを伝え、放課後に学校で宿題をしてから帰ることについて提案したところ反対はなかった。それよりも、母自身がいかに頑張っているかを語った。

④関係機関との連携→校長から市にネグレクト通告を行った。母親の夜間不在や諸費の滞納、兄からAへの暴力、兄への支援の必要性等も含め、要保護児童対策地域協議会の中での情報共有の必要性が確認され、今回の連携ケース会議は、要保護児童対策地域協議会事務局の個別ケース検討会議の位置づけで開催することになった。

〈再アセスメント〉

（カ）Aは朝ごはんを食べてない日は特に給食を食べた後に集中力があがっている。苦手な科目でも、担任やSSWから声をかけるとその瞬間は取り組めることから、個別のかかわりを通して学習習慣をつけられる可能性が考えられる。

（キ）小6姉は、母を助けたい思いが強いと考えられる。母を気遣ってくれる大人には心を開く。

（ク）母は懇談に時間通りに来校しそれぞれの担任と話もできることから、親の役割を果たそうと努力している様子。ただ、子どもに目を向ける余裕はなく、小6姉の担任には、母自身の努力を認めてもらいたいように感じられる。

〈プランニング〉　長期目標：子どもたちの学習保障および、安定した生活に向けた母親へのサポート体制づくり

短期目標	具体的手立て（誰が、誰に、どのようなかかわりを行うか）
①Aの学習意欲につながる働きかけ	夏休み中の取り組みとして登校日に実施可能なかかわりを検討する。（担任は、個別に「九九を楽しみながら覚える練習」を行う。SSWは図書館司書と協力して絵本の読み聞かせの時間を設定し、Aには、星の本を選んでほしいと提案する。ほかの子どもも参加できる企画を検討）
②小6姉が相談できる人をつくる（継続）	夏休み中の登校日に担任と話をする時間をつくる。家事負担軽減のきっかけとして、母の了解が得られれば、夏休みに開催される子ども食堂に弟と一緒に誘う（開催日はSSWが同行可能）。
③母と共通目標をもつ（継続）	小6姉の担任から、夏休み中の学校での取り組みや子ども食堂に子どもたちを誘うことについて提案・相談することを通じて、母自身の子育てへの思いを話してくれる関係をめざす。
④関係機関との連携（継続）	家庭児童相談室（家児相）は、本家庭が利用できる福祉サービス等を整理しておき、いつでも母に情報提供できる準備を行う。学校から母に子ども食堂の提案をするため、家児相相談員とSSW、教頭が子ども食堂の見学に行く。生活保護CWは家庭訪問時に兄の様子を確認するよう意識する。市が主催する学習支援もあるため、兄の支援は、中学校、生活保護CW、家児相で早急に改めて検討する。

◆次回開催日程　○○年8月24日

❹ ケース会議　基本情報シート〜ブランク〜

基本情報シート　　作成　　年　月　日（　）　作成者 _____

受付番号				
学校園名	学年・組	氏名		性別
生年月日	保護者　父： 　　　　　母：		担任	相談種別

[相談に至る経緯・検討したいこと]

[本人の欠席、遅刻状況]
今年度

	4月	5月	6月	7月	8月	9月	10月	11月	12月	1月	2月	3月	合計
欠席													
遅刻													

昨年度まで

	小1	小2	小3	小4	小5	小6	合計	中1	中2	中3	合計
欠席											
遅刻											

[本人に関する基本情報]

成育歴	（どのように育てられてきたか）　虐待・DV・転居・その他 ──────────────────── 要保護児童・要支援児童（　　　　年　　月　〜　　　　年　　月　）
基本的生活習慣	睡眠時間（　　　　　時間）　起床時間（　　　　時）　昼夜逆転・食事習慣・服装　等
健康（身体・精神）	□慢性疾患　　□障害（知的・身体・精神・発達）・その他
検査	WISC・その他（機関　　　　　検査時期　　　　　回数　　　　　）
手帳等の有無	□なし　　□療育手帳　　□身体障害者手帳　　□その他（取得　　歳）
行動の特徴	□多動的　　□衝動的　　□不注意　　□反抗・挑戦的 □計画的　　□社交的

学校での様子	友人関係・教師との関係・学習場面等（気になるところ）
学習・学力	□得意科目（　　　　　　　　）　□苦手科目（　　　　　　　）
興味・関心	□得意なこと　（　　　　　　　　　　　　　　　　　　　　　　）
本人の願い	

［家族の状況］

エコマップ	保護者等の状況（親子間、夫婦間の様子、祖父母等との関係など）
父　———　母	
	きょうだいの状況　※在籍校を記入すること

［家族に関する情報］

家庭の経済状況	□生活保護　　　　□就学援助　　　　□経済困難
保護者の状況	
保護者の願い	
関係機関とのかかわりと状況 ※担当者名を記入すること	□教育センター　　　□児童相談所　　　□家庭児童相談室 □医療機関（　　　　　　　　）　　□各種事業所（　　　　　　　　） □要保護児童対策地域協議会 □その他（　　　　　　　　　　　　　　　　　　　　　　）
特記事項 その他	

※本フォーマットは QR コードからダウンロードできます。

⑤ ケース会議 カンファレンスシート～ブランク～

初回カンファレンスシート

（　　年 月 日（　）第　　回 ケース会議）作成日：　　年 月 日

氏名		男・女	年 組	参加者	

〈検討事項〉

〈現在の状況・追加の情報〉

〈アセスメント〉

〈プランニング〉　長期目標：

短期目標	具体的手立て（誰が、誰に、どのようなかかわりを行うか）
①	
②	
③	
④	

◆次回開催日程　　年 月 日

継続カンファレンスシート

（　　年　月　日 第　回　ケース会議）作成日：　　年　月　日

氏名		男・女	年　組	参加者	

〈検討事項〉　※要保護児童対策地域協議会の個別ケース検討会議として実施。

取り組んだことと、その結果（本人・家族の動き）

①

②

③

④

〈再アセスメント〉

〈プランニング〉　長期目標：

短期目標	具体的手立て（誰が、誰に、どのようなかかわりを行うか）
①	
②	
③	
④	

◆次回開催日程　　年　月　日

※本フォーマットに加え、その他の記録用紙として「相談票」「経過記録用紙」「観察記録用紙」のフォーマットも QR コードからダウンロードできます。必要に応じてご活用ください。

6 エコマップ

　エコマップとは、生物と環境との関係を研究する生態学などで用いられてきた研究調査法の一つをハートマンがソーシャルワークの実践用に考案したものです。子どもへの支援のあり方を検討するにあたって、子どもや家族メンバーに影響を及ぼす社会環境との関係性を把握することができます。　　　　　　　　　　　　　（金澤ますみ）

エコマップの基本表記　　　　　　　　　　　エコマップの表示例

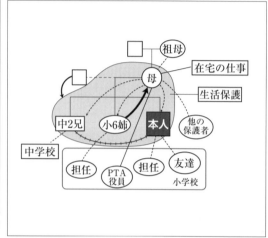

作成日：00 年 00 月 00 日（記録者：△△）

※支援者は、自分自身のエコマップを書いてみることで自己覚知にもつながります。また、模擬事例を用いてエコマップを書くスキルを磨きましょう。

　※本フォーマットは QR コードからダウンロードできます。

III

地域に根差した、安心・安全な学校環境を目指す取り組み

スクールソーシャルワーカーがはたらきかける
ミクロ・メゾ・マクロ実践とはどのようなものでしょうか。
様々な事例や研修例を通して、スクールソーシャル
ワーカーの実践について学びを深めましょう。

第1章 事例で考える SSW の支援

① 発達障害が疑われる児童の保護者対応の事例

（1）発達障害の定義

　発達障害者支援法（第2条）に「この法律において『発達障害』とは、自閉症、アスペルガー症候群その他の広汎性発達障害、学習障害、注意欠陥多動性障害その他これに類する脳機能の障害であってその症状が通常低年齢において発現するものとして政令で定めるものをいう」と定義されています。

（2）ソーシャルワークの視点から見た
　　　発達障害のある子どもが抱える問題

　発達障害の特性は人によって様々で、またその程度も様々です。そして、できること、できないことの差が大きいことも特徴です。特に知的な障害がない場合、発達障害のことが周囲にわかりにくいため、ある状況の中で支援を必要とする場合においても、他の状況の中でできている場面を見ている周囲の人（教師も子どもも）は、障害のために実はできていないことに対して、わざとしない、やる気がない、反抗的、などのレッテルを貼ってしまいがちになります。

　その子どもにあった環境（人的環境、物理的環境）の調整がうまくなされない状況が続くと、症状はますます固定化、重度化し、それに対して周囲はさらに否定的になる、という悪循環に陥り、不登校やいじめなどの問題に発展するリスクが高くなります。

表7　発達障害の特徴

	行動面	学習面
LD	不器用	情報処理能力の問題
ADHD	多動、衝動的、不注意	集中力のなさ
自閉症スペクトラム	対人関係が苦手、強いこだわり、感覚の特異性	応用力のなさ、狭い関心の幅、情報処理能力の問題
知的障害	全般的な遅れ	全般的な遅れ

(筆者作成)

【参考文献】
・「発達と障害を考える本シリーズ」「新しい発達と障害を考える本シリーズ」（以上、ミネルヴァ書房）、「障害を知る本シリーズ」（大月書店）など多数。

（3）発達障害の疑いのある小学生の事例

【問題に至る経緯】

　小学3年生の男子Aが、ほとんどの授業でじっと座っていることができない。板書の時など担任がそばに行き個別で声かけをすると一応書こうとするが、声かけをしなければ立ち歩いたり、担任の机のものを取って遊んだり、他の子どもたちにちょっかいをかけたりする。3年当初は、担任が注意するといったん席に着いていたが、それでも15分も落ち着いて座ることができず、しばらくすると立ち歩き、また注意される、という状況が繰り返されていた。日々、注意される回数が増えるにつれ、反抗的な態度を示すようになり、大声を出したり暴言を吐いたり教室を飛び出したりするようになった。

　成績は中くらい、体育は得意。休み時間は活発な友達（男子）と運動場に出てよく遊んでいる。友達関係で今のところ大きなトラブルはなく良好なためか、毎日楽しく学校に通ってきている。

　担任は、Aの様子から、ADHDではないか、またこのままの状態が続くとクラスの他の子どもも本人も授業に集中できなくなり学習に影響が出てしまうと思い、個人懇談会で保護者に障害のことを伝えたほうがいいか悩み、SSWに相談に来た。

【児童・家庭の状況】

　父、母、姉（小5）の4人家族。姉は学校では特に問題もなく、友達関係も良好。

　Aは1年生の時から落ち着きがなく、当時の担任も気になり、保護者にAの幼稚園での様子を聞いたことがあった。その時の保護者の話では、「3歳半健診で少し言葉の遅れがあり経過を見ましょう」と言われたものの、その後、言葉も出だして幼稚園に入園。幼稚園では先生から「いつも元気ですね」と言われるくらいだった。そのためか保護者は全くAのことを気にしていない様子であった。

【ディスカッションテーマ】

1．Aを理解するために、学校の中でのAに関する情報をどのように整理すればいいでしょうか。
2．SSWとしてこの相談に対し、どのように進めていきますか。
3．学校内外の資源にはどのようなものがあるか考えてみましょう。

1）杉山登志郎『子ども虐待という第四の発達障害』学習研究社　2007
　「被虐待児の示す症状は、年齢による際立った推移があり、幼児期には反応性愛着障害としてまず現れ、次いで小学生になると多動性行動障害が中心になり、徐々に思春期に向けて、解離症状が明確になり……」「……学習に大きな

（4）ディスカッションテーマの解説

Aを理解するための情報の整理

　発達障害の子どもは、環境によって違う姿を見せることがあります。例えば、信頼している人と静かな場所で過ごしている時には落ち着いて集中できても、集団の中では周りに刺激が多すぎて集中できなくなってしまうこともあります。そのため、様々な状況（授業の科目によって集中時間や学習状況の違いはあるか、成績はどうか、集団場面と個別場面で行動の違いはあるか、授業時間外での様子はどうか、友達関係はどうかなど）での様子を見ていくことが必要です。

　障害の特徴は、年齢が上がるとともに目立ったり、逆に目立たなくなる場合もあり、今現在の様子だけで判断できるものではありません。そのため、小学校入学時からの様子や入学以前の情報があるのか、ある場合にはどのような情報かを子どもにかかわってきた先生たちに確かめることも大切です。

　また、子育てにおいて、発達障害があるため子どもの様々な行動を理解できず育てにくい状況になると、虐待のリスクが高くなります。あるいは障害がなくても、虐待を受けたり不安定な家庭環境に置かれたりしている子どもは、発達障害の行動特徴を示すことがよくあります[1]。そのため、子どもが虐待やマルトリートメントの環境に置かれていないかどうかを確認することも重要です[2]。

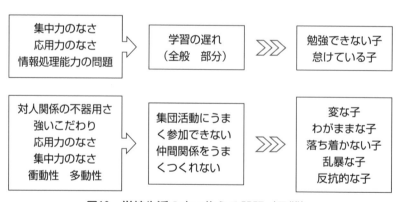

図18　学校生活の中で抱える問題（困難）

SSW としてどのように進めるか

　発達障害が疑われる場合には、学校内での支援体制をつくっていくことが必要になります。特別支援教育コーディネーター[3]を中心に、校内委員会で子どもを（また保護者や担任も）どう支援するかを検討していくことになりますが、これは、学校の中だけ体制をつくれば良い、ということではなく、保護者の協力が不可欠です。

　SSW は、この支援体制がうまく機能するよう協働していきます。そこでは、保

　困難を抱えるものが過半数を占める」
2）虐待が疑われる場合には、106 〜 107頁参照
3）特別支援教育コーディネーターの具体的役割　①学校内の関係者や関係機関との連絡調整　②保護者に対する学校の窓口

護者と学校との仲介、子どもや保護者の思いの代弁、外部専門機関の紹介や連携、個別の教育支援計画作成への協力、サポーターやボランティアなどの人材紹介、などの役割が求められますが、まずは、その後の支援プロセスがうまく進むよう保護者と学校との信頼関係づくりを目標におく必要があります。

　保護者はいきなり子どもに障害があると言われても、受け容れられません。これは、単に障害を認めたくない、ということだけではありません。例えば、比較的自由な環境下では障害の特徴が見えてこず、学校という集団生活の中で初めてその特徴が見えてくる場合もあります。乳幼児健診や保育園や幼稚園において特に何も指摘されず、家でも保護者自身が困っていない場合、受け容れるどころか「子どもを否定された」「先生自身の指導力のなさを子どものせいにしている」など、先生や学校に対して拒否や攻撃の感情を生みかねず、協力どころか敵対関係に陥ってしまい、子どもにとって不利益な状況になる可能性もあります。支援を進めていくためには、通常保護者に子どもの様子を伝えることから始まります。

保護者に伝える際は、以下の点に配慮しよう

□障害があると決めつけて話さないこと
　→子どもの学校での様子を具体的に（例えば、○○の授業の時、△分くらいで席を立ち歩き始めました）伝え、また、家庭での様子を同様に具体的に（例えば、○○の時は何分くらい集中していますか？）聞きます。

□保護者に対して「指導」でなく「共感」すること
　→保護者も家庭において困っている場合は、まずは保護者の気持ちに寄り添い、どうしたらいいか一緒に考えていきます。保護者が家庭において困っていない場合、小さい時はどうだったのか生育歴を聞き、どのような子育ての工夫をしているか、どのような環境をつくっているかそのポイントを教えてもらう姿勢が大切です。また、保護者が子どもの障害のことに気づいている様子だが認めようとしない場合は、保護者が何に不安を感じているか探り、保護者の気持ちに寄り添うことが大切です。

□保護者と協働体制をつくること
　→支援の目的は、子どもに障害名をつけることでも、分離することでもなく（障害イコール特別支援学級や特別支援学校に行くのではないこと[4]）、子どもが楽しい充実した学校生活を送ることです。そのためにどういった支援が必要かを一緒に考えていきたい、ということを保護者に丁寧に説明しましょう。

（安原佳子）

4）障害者の権利に関する条約を2014年批准。この中では教育についての権利も示され、インクルーシブ教育システムの理念が述べられている。批准に先立ち、文科省は、「共生社会の形成に向けたインクルーシブ教育システム構築のための特別支援教育の推進（報告）」平成24（2012）年を示している。

② 知的障害の支援の必要性がある不登校児童の事例

（1）不登校の定義

　文部科学省では、「不登校」は「何らかの心理的、情緒的、身体的あるいは社会的要因・背景により、登校しないあるいはしたくともできない状況にあるために年間30日以上欠席した者のうち、病気や経済的な理由によるものを除いたもの」と定義しています。また、この定義には当てはまらないが、30日以上長期欠席している児童生徒の数も年々増加傾向にあります。

（2）知的障害のある子どもと不登校

　不登校の子どもたちの中には知的障害のあるケースが散見されます。特に軽度知的障害の子どもたちの場合、より「見えづらい」障害であることから、学習や集団生活の困難さが現れた際には、本人の努力不足として扱われてしまう場合があります。また、学校を含む様々な場面で繰り返し指導を受けることにより、自尊感情が低下し不登校になるケースも見受けられます。さらに懸念されることは、不登校への支援が他の問題行動や非行など緊急性の高いケースの後回しになり、そのまま対応されないことや、小中高等学校それぞれの新しいステージへ移っても知的障害に気づかれないまま見過ごされることです。将来の就労や社会活動をする中で不適応が顕在化し、社会での居場所を失えば、その先長きにわたる人生の中で社会参加の機会を逸してしまうことにつながる危険性があります。

（3）ソーシャルワークの視点からみた「不登校」

　不登校は一つの要因だけでなく、様々な事柄が複雑に絡み合って起こる事象と言えるでしょう。虐待や貧困、家族の不和など生活環境の影響等が背景にある場合もあります。不登校の子どもは、好んでそのような状態になったのではなく、様々な環境要因との関係で不登校になっているということです。その対応においては、子どもとその取り巻く環境双方に目を向け、なぜ不登校になっているかを考える必要があります。不登校が長期にわたる場合は、子どもの社会性や今後の進路にも大きく影響してきます。早期対応が重要であり、その際は担任だけでなく学校全体で対応することが求められます。また、校内対応に終始せず、子どものニーズに応じた外部資源の活用など、幅広い視点での取り組みが望まれます。

【参考文献】
・義務教育の段階における普通教育に相当する教育の機会の確保等に関する法律（教育機会確保法）
・不登校児童生徒への支援の在り方について（通知）

（4）小学生の不登校事例

【問題に至る経緯】

　Aは小学 3 年生、小学 2 年生の夏休み明け 2 学期ごろから登校を渋るようになり、3 年生 2 学期の夏休み明けから不登校となった。入学当初は授業への参加も積極的であったが、1 年生途中から学習につまずきが見られだした。また、当時の担任からは、学習面だけでなく学校生活面に対する指導をすると、Aからは素直に「わかった」と返事は返ってくるものの、その後の行動に改善は見られず、何事も身につくのに時間がかかる様子であったが、いつもにこにこしていたとの引き継ぎがなされている。当初、3 年生の担任は、Aが教室で一人で過ごすことが多くなり、気にしていた。

　Aが登校しなくなってからは、担任がAへの家庭訪問を週 1 回程度、継続的に行い個別に働きかけており、Aとの関係は良好であるが、登校には結びついていない。担任から母親へ「お母さん自身は、Aくんの現状をどう感じていますか？」と問いかけをしても、特に明確な返事はなく「学校へ行くように伝えているのですが……」という返事だけであった。

【児童・家庭の状況】

　母親と本人の二人世帯。母親は正社員で勤めているため、朝早くに出勤する。そのため、Aが学校に行っていないことが後からわかることが多かった。近隣に子育てを手伝ってもらえるような縁者はいない。母親とAとの関係は良好。Aは、学校でよく、母親と外食したときのことを担任にうれしそうに話していた。

【ディスカッションテーマ】

1．Aが学校を休んでいる背景には、どのような理由があるでしょうか。
2．SSW としてどのように支援を進めていきますか。
3．学校はどのような機関と何を目的として連携できる可能性がありますか。

（5）ディスカッションテーマの解説

情報の整理とアセスメント

　本人の怠惰で登校しないという結果になっているのではなく、本人が不登校を選択せざるを得なかった理由があるかもしれないという視点で情報を収集します。1年生の時から学習面の遅れが見られているという点や、何事にも習得することに時間を要してしまうという本人特性を十分に確認、理解する必要があります。「しないのか」それとも「できないのか」の視点で見ていくと、Aは何かに取り組むことに意欲的であっても、知的な遅れや発達面の遅れがあることで「したくてもできない」という状況にあったことが推察されます。さらに、周りの理解がない中で自己肯定感の低下やコミュニケーションの困難さからクラス内で孤立感が深まり、登校が困難になってしまったと見立てることができます。

アセスメントのために必要な質問

1．教員への質問（1年時から3年時にわたって要確認）
- □「先生から見てどのようなお子さんですか」
- □「クラスの友達と遊ぶなど他児童との交流の様子を教えてください」
- □「学校でのグループ活動に積極的に参加できていましたか」
- □「学習の遅れなどはありましたか。あれば特定の科目なのか、全般的に遅れが見られたのか教えてください」
- □「先生の指示に対してはどのような反応や行動でしたか」
- □「集団活動の際、周りの児童の様子を見て行動することは多かったですか」
- □「就学前、保育所からの申し送り事項や保護者からのご相談はありましたか」

2．母親への質問
- □「お母さんから見てどのようなお子さんですか」
- □「家庭ではどのように過ごしていますか」
- □「本人の生活リズムを教えてください」
- □「登校していた時、放課後や休日はどのように過ごしていましたか」
- □「宿題は一人で取り組めていましたか」
- □「保育所でお子さんの様子はどんなでしたか」
- □「お子さんの件で今まで誰かに相談されたことはありますか」

SSW としてどのように進めるか

　知的障害があるから不登校になっている、という直線的な結びつきで考えるのではなく、何らかの環境要因で不登校になっているととらえる必要があります。

　SSW の対応例としては、今までの出席状況を把握し、学年や学期により、登校のばらつきがないか確認します。なぜ、その時期は登校できていたのか、促進要因がわかることで今後の支援に有効な情報となります。状況を適切に把握し、社会参加へのスモールステップを子どもと保護者と共に踏んでいく必要があります。

機関連携の可能性

　知的障害のある子どもが安心して継続した地域生活を送るためには、小学生のころから学校外の社会資源を活用することも大切です。子どもの生活環境は、高校卒業までの間でも目まぐるしく変化し、その都度、新しい環境への適応が求められます。環境変化の大きい学校生活の枠内だけで支援をするのではなく、子どもの生活視点での安定した支援を検討しましょう。

　長期の不登校の場合、毎日の登校は子どもにとっては大きな負担なので段階を踏んで進めていきます。本事例における支援プランの例としては、週1日、数時間であっても、子どもが安心して登校できる枠組みを検討します。SSW は、知的障害のある子どもである点にも配慮して意思を確認する面談を行ったうえで、教職員と共にプランを考えます。並行して SSW は外部資源の活用を模索します。障害のある子どもや不登校の子どもたちが利用できる居場所、地域のイベント発掘などに努めます。支援者が学校と連携して、子どもや保護者に寄り添い、長期にわたり子どもの自己肯定感を高める支援を実施している例があるからです。

　そのほか、国の施策としての障害児福祉サービスを利用することもあります。障害児相談支援事業と連携し、外出や余暇支援の一環として休日や長期休みに移動支援（ガイドヘルパー）の利用や、放課後等デイサービスでの居場所づくりを考えます。このように学校と学校外の社会資源を相互に活用することで、学校を含めた地域の中で子どもの育ちを保障していくことが可能になります。そこで大切なのは学校や学校外の機関が別々の目的をもって子どもにかかわるのではなく、共通認識の中で支援を継続していく点です。その要となるのが SSW と言えるでしょう。障害のある子どもへの地域での理解者をいかに増やしていくか、そして早い段階から学校外資源と学校とが連携し、子どもの次のライフステージにつなぐことが知的障害のある子どもの生涯にわたる安心した社会生活に結びつきます。

（山中徹二）

（1）いじめの定義

　平成25年6月に「いじめ防止対策推進法」が制定され、「児童等に対して、当該児童等が在籍する学校に在籍している等当該児童等と一定の人的関係にある他の児童等が行う心理的又は物理的な影響を与える行為（インターネットを通じて行われるものを含む。）であって、当該行為の対象となった児童等が心身の苦痛を感じているものをいう（第2条1項）」と定義され、国、及び、学校ではいじめ防止のための基本方針を策定することが義務化されました。基本施策としては、道徳教育の充実、早期発見のための措置、相談体制の整備、インターネットを通じて行われるいじめの対策の推進について定めることが求められています。さらに、平成29年には「重大事案の調査に基づくガイドライン」が策定されました。いじめによる重篤な被害や長期の欠席を余儀なくされている疑いがある重大事態については、学校長は教育委員会を通じて市区町村長に報告し、必要な場合は再調査が実施されます。

（2）いじめの構造と対応における留意点

　いじめは暴力であり児童虐待と同様、相手の生きる権利を侵害する行為です。深刻ないじめが、一見すると親しい仲間グループの中で発生することがあり、①いじめられる子、②いじめる子、③面白がって見ている子、④見て見ぬふりをする子、⑤仲裁する子、の構造が集団の中にあります。いじめへの対応においては、それぞれの背景に何があり、そのような行為に至るのかという視点で児童生徒をとらえ、いじめの構造を理解することが必要です。自分自身が標的にされることを恐れるとき、いじめに加担する、もしくは、かかわらないという態度が選択されることがあります。そのため、いじめの構造を解体し、安心で安全な環境を回復していく包括的な対応が必要です。

　いじめは、どの学校でも起こりうるという認識をもち、いじめ発生のパターンといじめのシグナルの理解、そして、子どもたちが相談しやすく、かつ、いじめが発生したときにはすぐにチームで対応できるような校内体制を常日頃から維持しておく必要があります。いじめが陰湿な行為であればあるほど、いじめた子への悪感情が増幅され、支援の対象と認識されにくい傾向があることや、いじめる子といじめられる子が入れ替わったり、いじめの標的とされる子が変わったりという事象が起こることも理解しておきましょう。

【参考文献】
・文部科学省「いじめの防止等のための基本的な方針」（平成29年3月14日最終改定）
・文部科学省「いじめの重大事態の調査に関するガイドライン」（平成29年3月）

（3）中学生のいじめ事例

【問題に至る経緯】

　昼の休憩時間に教室が騒がしいことに巡回中のR先生が気づき、廊下にいた生徒が「Xくんがいじめられている！」と言ってきたため、教室の中に入ると、XがYと数人の生徒に囲まれ正座をさせられており、「おまえ、邪魔なんじゃ」とYが一方的にXに罵声をあびせかけていた。他の生徒は遠巻きに見ており、Yの怒った様子が激しかったため、R先生は他の教師に応援を頼み、Xを保健室へ、Yを含むその他の生徒を別室へと連れて行き、それぞれから個別に事情を聴き、指導を行った。

【生徒の情報】

　X（いじめられた生徒）：Xは、クラスに決まった友人はいないようで、いつも一人で静かに過ごしている。中学校入学と同時に転入。小学2年生の時に、Xの父親からの子どもたちへの虐待と母親へのDVで実家に避難してきた。学校ではトラブルはなかったが、思っていることを言葉にすることは苦手で、嫌なことがあっても、笑ってやりすごすところがある。学習に関しては基礎学力が乏しい。現在は、母親と小学4年生の弟と3人で暮らしている。母親はフルタイムの仕事で忙しい。

　Y（いじめた生徒）：Yは、クラスの中心的な存在ではあるが、物事の理解力に課題があり衝動性も強く、小学校低学年の頃から粗暴な言動が多かった。そのための家庭連絡も多かったが、両親共にしつけには厳しく、時には、学校の指導に対して激しく非難することもあった。また、進学校に通う高校生の兄がおり、父親がよくできる兄と比較して本人を否定する言動もたびたびあったとのこと。最近、部活動（ラグビー）を辞めた。

【ディスカッションテーマ】

1．SSWは、初期対応としてどのようなことを学校に確認する必要がありますか。
2．X、Yを理解するためにどのような情報が必要でしょうか。
3．学校として支援の方向性について考えてみてください。

（4）ディスカッションテーマの解説

学校におけるいじめの対応

　いじめ防止対策推進法において、各学校はいじめの防止等に関する措置を実効的に行うため、複数の教職員、心理、福祉等に関する専門職等により構成されるいじめの防止等の対策のための組織（いじめ対策委員会等）を置くことが義務付けられており、また、スクールロイヤーによる法律の側面からの助言等も必要不可欠です。いじめ発生時には、速やかな事実調査と保護者への説明、そしてアセスメントに基づくチーム支援が必要とされます。

いじめに対する措置

1．いじめ事案の内容

- □ 無視やからかいなどの、嫌がらせ行為
- □ 実際の暴力などで犯罪に問われるもの（暴行罪、傷害罪、恐喝罪など）
- □ インターネット上の書き込みなどで犯罪に問われるもの（名誉毀損罪など）

2．校内でのチーム対応

- □ 校内にいじめ対策委員会を設置する（いじめ防止対策推進法に基づく）
- □ いじめた側といじめられた側の対応を分けて行う
- □ 継続的な見守り体制を維持する

3．事実調査

- □ 関係者が複数の場合は、それぞれ個別に聴く
- □ 事実の聴き取りは複数の教員で行う
- □ いじめられた側から先に事実の聴き取りを行う
- □ 感情に巻き込まれないように心がける
- □ 時系列で事実を聴き取る
- □ 1回でしっかり「聴く」
- □ 既に知っている事実への誘導とならないようにする
- □ わからないことはそのままで、無理やり統合しようとしない
- □ 事実の調査と指導を混同しない

4．いじめの構造の理解

- □ クラスはどのような状況か（学級崩壊などが起こっていないか）
- □ どのような関係性の中で起こっているか
- □ いじめアンケートを実施し、他にいじめが起こっていないかを確認する

【参考文献】
・日本弁護士連合会・子どもの権利委員会編『子どものいじめ問題ハンドブック』明石書店 2015
・山下英三郎『いじめ・損なわれた関係を築きなおす─修復的対話というアプローチ』学苑社 2010

アセスメントに必要な情報の整理

　まずは時系列で経過を確認し、どのようないじめが起こっているのかを具体的に把握することが重要です。そのうえで、両者の背景について理解する必要があります。

　いじめられた側のXは、なぜいじめられていたことを先生や家族に言えなかったのかという点に配慮しながら、これまで話せなかったXの気持ちに寄り添うことが大切です。また、いじめた側のYの攻撃的な言動にはどのような要因があるのかについて見立てます。特に、部活を辞める前には、どのようなことが起こっていたかについて知ることは、Yの生活の変化を見るうえではポイントとなるでしょう。

支援の方向性

　いじめへの対応は、チーム体制の中で行うことが原則です。いじめ発生の疑いがあるときは、迅速に事実確認を行い、まずは起こっているいじめを止めることが必要です。そして、校内に設置されているいじめ対策委員会で継続的な見守り体制を維持し、安心安全な学校環境の回復に向けて努めます。

　いじめを認知した際、担任はいじめられた側、いじめた側、両方の対応をしなければならなくなりますが、サポートできる教員と共に複数体制での対応を行うとよいでしょう。例えば、いじめられた側への対応については教頭が同行し、いじめた側への対応については生徒指導や学年主任が同行するなどの役割分担を行います。また、いじめが発生する環境にいることに苦痛を感じている子は多くおり、学年の教員全体で休み時間に教室を巡回するなど、子どもたちに対する不安軽減のための工夫はいじめの再発防止にもつながります。

　いじめが原因で不登校に至る可能性もあるため、Xが教室で安心して過ごせないときには保健室で休憩や学習などが行えるように養護教諭と連携をとります。また、Yからは、部活を辞めた経緯や、今の思いを聴き、自分自身の行いによる周囲への影響について考える機会を与え、振り返りを促します。子どもの思いに寄り添い、決して、和解や謝罪を強要しないという配慮、さらには、XとY各々が今後どうしていきたいかを確認する等、修復的対話の考え方や手法を取り入れると良いでしょう。また、犯罪性や背景に虐待がある等、学校だけでは対応が難しい場合は、警察、児童相談所、教育委員会の学校支援チーム等との機関連携も必要となります。

（郭 理恵）

④ 問題行動から非行に至った中学生の事例

（1）非行

　学校では、服装や頭髪の乱れなどの校則違反、怠学などを、非行・不良行為と呼んでいますが、基本的定義として、少年法では、①14歳以上で罪を犯した「犯罪少年」、②14歳未満で刑罰の対象となるような法に触れる行為をした「触法少年」、③家出や犯罪性のある人との交際や、歓楽街などへの出入りなどがあり、今後、罪や触法を犯す恐れがある「ぐ犯少年」の３つに分類、規定されています。さらに、少年警察活動規則では、「非行少年には該当しないけれど、飲酒、喫煙、深夜徘徊、その他自己または他人の特性を害する行為」を「不良行為」と規定しています。また、令和３年に民法上の成人年齢が18歳に引き下げられたことに伴い少年法も改定され、18歳及び19歳は新たに「特定少年」と分類されました。

（2）対応における留意点

　客観的な非行事実の確認から始めます。その時、当事者の話の真意を決めつけずに、語ることをありのままに記録します。また、同時に、その行為にかかわった人からの情報収集も必要です。また、非行についての対応にあたる、警察、児童相談所、家庭裁判所などの各機関の役割や機能を理解しておかなければなりません。

（3）ソーシャルワークの視点からみた「非行」

　子どもが非行行為に及ぶ背景には様々な要因があります。これまで、いじめや虐待などの心因的な要因や子どもを取り巻く人間関係などの環境的な要因が注目されてきましたが、発達障害等の生理的な要因が占める割合も多くあります。発達障害等による行動は、一見、親のしつけや愛情不足ととらえられやすいので注意が必要です。また、その行動の特異さから、虐待を受けるリスクも高くなります。結果、親子共に無力感を抱いていたり、対人不信が高まりやすくなっていたりします。そのような周囲からの理解のなさによる孤立から、反社会的行動に結びつきやすくなることもあるため、環境の調整とともに、生理的な要因への適切な対処は欠かせません。

・大阪弁護士会・子どもの権利委員会編『少年事件実務マニュアル～より積極的な付添人活動のために～［改訂版］』大阪弁護士共同組合　2009
・藤岡淳子『犯罪・非行の心理学』有斐閣　2007

（4）中学生の非行事例

【問題に至る経緯】

　Xは、中学1年生の夏休み頃より家出を繰り返し、問題行動が次第に激しくなった。上級生や高校生とつながりができ、夜間に補導されたり、万引きに加担したりして、警察からの指導も繰り返し受けている。学校内でも、喫煙や他生徒とのけんか、授業妨害などを繰り返し、指導した教員に対して暴力を振るうこともあった。母親は学校に協力的で、子育ての不安を訴えて定期的にスクールカウンセラーへの相談も行っていた。

　中学2年生の3学期、対教師暴力で教師が骨折をしたのを機に、学校から警察に被害届を提出。警察から児童相談所に通告の後、家庭裁判所に送致された。

　鑑別所での観護措置のあと、少年審判で保護観察処分が決まり、学校に復帰することになった。

【生徒の情報】

　現在は、母親と父親と小学6年生の弟と4人で暮らしている。父親は仕事が忙しく、出張等で不在なことも多い。母親はパート勤務。小学校時代は活発でクラスのリーダー的な存在だった。中学校入学当時、学習も部活も頑張っていたが、2学期の半ばに退部。その頃から変形制服で登校してきたり、教室に入らずに校内をうろうろしたりすることが多くなった。言葉で説明することや気持ちの表現などは苦手だが優しいところもあった。

　母親と定期的に面談をしていたスクールカウンセラーによると、弟には手がかかったが、本人は幼少期から手がかからず、一人遊びができる子どもだったという。

【ディスカッションテーマ】

1．非行ケースの手続きにはどのような種類がありますか。また、このケースの場合、学校としてどのようなことを確認しておく必要があるでしょうか。
2．Xを理解するためにどのような情報が必要でしょうか。
3．SSWとしてどのようにこのケースへの支援を進めていきますか。

・法務省ホームページ

（5）ディスカッションテーマの解説

非行の手続きと確認事項

　少年が事件を起こすと、家庭裁判所が改善・更生を目的とし、処分を決定します（表8参照）。家庭裁判所への送致後は、主として少年の要保護性の審理や環境調整が中心に行われます。審判は、和やかな雰囲気で丁寧に行われるよう配慮され、非行少年に対し、内省を促すよう勧められます。「特定少年」については「保護観察処分」「少年院送致」「検察官逆送」に関する決定内容や判断基準が大きく変わり、一部厳罰化となりました。

表8　処分の種類

保護処分	保護観察	保護観察所で決められた遵守事項（指導監督と指導援護）を守りながら家庭等で生活し、保護観察官や保護司の指導を通して少年の改善更生を図る。期間は20歳に達するまで。20歳に達するまでに2年に満たない場合は2年間。問題がなければ1年程度で解除される。
	少年院送致	在宅等での処遇では再び罪を犯す可能性が高いが、施設での集中的な指導と訓練により社会復帰が期待できると判断された場合に、少年院での矯正教育が行われる。通常は1年程度で仮退院となる。
	児童自立支援施設等送致	義務教育修了前の少年が対象となる。10名程度の少年が寮で共同生活を行い、規則正しい生活、学科指導、作業指導を通して、育て直しを目的とした処遇が行われる。入所期間は中学卒業までが多いが、少年に自立する力がつき、家庭環境が整った場合、早くに退院することもある。
都道府県知事・児童相談所長送致		児童福祉法による措置が相当とされた場合、児童相談所による措置がなされる。児童相談所では、児童福祉司による指導、児童福祉施設への入所、里親への委託が行われる。
検察官送致		14歳以上で保護処分によっては矯正改善が見込めず、刑事処分を科することが相当と判断される場合、及び、16歳以上で故意に人を死亡させた場合に送致される。
審判不開始		調査の結果、審判に付することができないとき、または、審判に付することが相当でない場合は事案を終結させる。
不処分		審判開始が相当と認められ、審判の結果、保護処分に付することができないとき、また、保護処分に付する必要がない場合に決定される。
試験観察		保護処分の決定を猶予し、中間的な処分として、調査官の観察の下、家庭か補導委託先で少年の更生に向けての処遇が行われる。期間は一般に在宅で4カ月、補導委託で6カ月であるが、調査官や裁判官との協議のうえ、目標に合わせて設定される。

（筆者作成）＊特定少年は省く。

　このケースにおいては、まず、家庭裁判所に送致された後の経過と審判の結果について詳しく確認する必要があります。保護観察に付された場合、少年に対しては、

遵守すべき事項が示されます。少年は月に2〜3回、保護司を訪ねて近況の報告を行い、保護司は遵守事項が守られるよう見守り、必要があれば、就労支援、医療機関への紹介などの補導援護を行います。少年の状況は保護観察所に報告されます。遵守事項には一般遵守事項と特別遵守事項とがあり、一般遵守事項は全ての保護観察対象者が遵守しなければならない事項で、特別遵守事項はそれぞれの対象者に対して個別に定められる、より具体的な事項です。少年の場合には、非行につながった交友関係の制限や通学などが定められることがあります。さらに、規則正しい生活や家族との関係を良好に保つことなどを努力目標とした生活行動指針があります。以上の内容について把握するために、保護観察官、付添人の弁護士、保護司や家庭等と連携し学校としてできることを関係者で話し合っておくとよいでしょう。

情報の整理とアセスメント

　母親と定期的に面談をしていたSCの情報から、本人は、両親から自分に向けられる関心が薄いと感じ、内心では寂しさを抱えていたのかもしれないと予想できます。ただし、決めつけるのではなく、本人の家族への思いはどのようなものだったかを丁寧に聴いていくとよいでしょう。また、頑張っていた部活を退部した後から、服装の乱れや校内の徘徊、授業妨害などが始まっているため、部活をやめるに至った経緯を本人に確認する必要があります。そして、両親に対しては、これまでの経緯とともに事件後の本人とのやりとり、親としての思いなどを傾聴し、信頼関係とともに協力体制をつくっていくとよいでしょう。

（6）SSWとしてどのように進めるか

　学校での非行・不良行為の対応において、学校内での生徒指導の範疇を超えた関係機関との連携が必要な場合には、その行為が以上のような少年法や少年警察活動規則などで規定されているどの定義に該当するのかということを明確にしておく必要があります。その上で、裁判所による処遇の流れやその時々での確認事項を把握しながら、生徒や家族に対して、学校の立場からどのような支援が可能かを考える必要があります。

　担任には、本人の学校復帰へ向けて、部活を退部した頃の事情を聴くなど、本人とのつながりをつくるためのアプローチを行ってもらい、学校と家庭裁判所や保護司などとの連携の窓口は、生徒指導など他の教員で担うように進めます。面接を継続してきたSCには引き続き、母親の心理的な負担を軽減するようかかわってもらいながら、SSWは、生徒指導や担任と共に諸機関との連携がスムーズにできるよう、校内の支援チーム体制をつくるように働きかけていくことが大切です。

（郭 理恵）

5 家族の世話やケアのために学校生活に支障が出ている高校生の事例

（1）ヤングケアラーとは

　法令上の定義はありませんが、本来、大人が担うべき家事や家族のケア責任を引き受け、家事や家族の世話、介護、感情面のサポートなどを日常的に行っている18歳未満の子どもを「ヤングケアラー」といいます[1]。

　令和2年度に「ヤングケアラーの実態に関する調査研究」が行われ、子ども本人（中学生・高校生）を対象としたヤングケアラーの全国調査が初めて行われました。世話をしている家族が「いる」と回答したのは、中学2年生5.7%、全日制高校2年生4.1%であるなどの実態が明らかとなっています[2]。

　子ども時代に大切な学習の時間や友人と過ごす時間、また将来について夢をもつことをあきらめることがないように、早期に発見するとともに具体的な支援を開始することが大切です。

（2）SSWがかかわる意義

　ヤングケアラーという概念や認識は一般的に浸透しておらず、表面化しにくいため、早期に発見することが難しい問題です。そのため、例えば学校で起こるトラブルや欠席について、福祉的課題が潜んでいたとしても子どもが指導や叱責の対象となることがあります。家庭内のデリケートな問題であるため、子どもから友人に話をすることや、教員に相談することなく、子どもが問題を抱えがちです。SSWは学校生活の中から見える子どもの様子や変化に対して、子どもの権利が保障されているかの視点で教員と共に子どもの生活について確認していきます。学校生活という日常の場面の中で、子どもの話を聴くことができる学校体制づくりをSSWが教員と共につくることや家庭生活のことも含めて、学校には相談できる場があることを子どもに周知しておくことが必要です。

　本来大人が担うべき家事や育児を子どもが日常的に担っていることは、結果としてネグレクトに当たることから、ヤングケアラーは要保護児童通告の対象となる場合があります。しかし、全てがネグレクトに当たるわけではありません。SSWは、家族や本人の現状を否定することや責めることがないよう配慮することや、関係者がかかわったとしても子どもが役割を続けなくてはならない状況があることを理解し、一人ひとりに応じた具体的な支援策を検討します。子どもの役割を認めることや、子どもらしく過ごせる居場所づくりも大切な支援の1つです。

1）厚生労働省ホームページ　https://www.mhlw.go.jp/stf/young-carer.html
2）令和2年度　子ども・子育て支援推進調査研究事業「ヤングケアラーの実態に関する調査研究報告書」令和3年3月

（3）高校生のヤングケアラーの事例

【問題に至る経緯】

　高校2年生の女子A。入学当初より成績良好で、クラブ活動などでもリーダーシップを発揮しており、担任も頼りにしている存在。しかし、高1の終わり頃から、教師への反抗的態度や、友達に対してきつい言葉を投げかけるなどの言動が目立つようになった。その都度、担任が本人と面談し指導をすると、反省する態度は示すものの、状況が改善されることはなかった。

　高2になり担任が変わり、はじめの頃は学習に意欲的に取り組んだり、担任の手伝いを申し出たりするなど、落ち着いているように見えたが、夏休み明けより欠席が増え始め、成績も下がっていった。10月の中旬頃より、欠席連絡がないまま休みが続いた。担任は、Aのこれまでとは違う様子に何か理由があると感じ、Aに連絡を取り続け、ようやくAと面談できることとなった。担任が「どんなことでも相談に乗りたいから話をしてほしい」と語りかけると、頑な態度を示していたAがポツリポツリと話し始めた。Aの話からわかってきたことは以下の通りである。

【Aから聴き取った家庭の状況】

　Aは母親と小学4年生の弟の3人世帯。母は看護師をしており、夜勤に入ることもあったため、Aは母を支えたい思いで発達障害のある弟の世話や家事を担っていた。高1の秋頃、母は心身の体調を崩し、仕事を休みがちになった。その後、癌が見つかり入院。退院後、母はうつ状態に陥り、Aが通院同行をすることもあった。母の入院中にショートステイに入っていた弟が、退院後より学校へ行き渋り、家で暴れるようになっていった。Aは母の体調を気遣いながら、弟の対応についても悩んでいる。Aには将来、看護師になりたいという夢があり、学費を貯めるためアルバイトをしていたが、家計費に費やすことになっている。

　Aの話を聴き終え、担任は支援が必要であることはわかったが、何からどうすればよいかわからないため、Aに一緒にSSWに相談することを提案した。

【ディスカッションテーマ】

　1．Aの学校生活に影響を与えている課題について、整理してみましょう。
　2．SSWとしてどのように支援を進めていきますか。
　3．学校はどのような機関と連携できる可能性があるでしょうか。

（4）ディスカッションテーマの解説

　入学当初より、成績も優秀でリーダー的な存在であるAに対しては、教員も生徒も安心できる、頼りになる存在というイメージがついているため、Aが困っていることや悩んでいることを簡単に相談できない状況になりがちです。将来への夢を抱いて、頑張りたいという意欲をもっていても、日々の家事や母や弟のケアの重責に疲れ果ててしまい、自分のことが疎かになってしまっている状態はヤングケアラーに該当するといえるでしょう。

　表面化することのない家庭の問題が蓄積することにより、家庭学習の時間や友人との余暇の時間など、自分の時間が削られる状態が続くことや、さらに母の通院介助や弟のケアのために学校を休むことは、学習の遅れや体験不足になる可能性があります。子どもの権利が保障されていない状態に気づきの視点をもち、Aへの具体的な対応を検討していきましょう。

ヤングケアラーの存在に気づく視点を確認しましょう

次のような家事や家族の世話などを日常的に行っていませんか。
□障害や病気のある家族の代わりに、買い物・料理・掃除・洗濯などの家事をしている。
□家族に代わり、幼いきょうだいの世話をしている。
□障害や病気のあるきょうだいの世話や見守りをしている。
□目を離せない家族の見守りや声かけなどの気遣いをしている。
□日本語が第一言語でない家族や障害のある家族のために通訳をしている。
□家計を支えるために労働をして、障害や病気のある家族を助けている。
□アルコール・薬物・ギャンブルなどの問題を抱える家族に対応している。
□がん・難病・精神疾患など慢性的な病気の家族の看病をしている。
□障害や病気のある家族の入浴やトイレの介助をしている。

こんな影響が出ていませんか
□学業への影響（遅刻・早退・欠席が増える、勉強の時間が取れない等）
□就職への影響（自分にできると思う仕事の範囲を狭めて考えてしまう、自分のやってきたことをアピールできない等）
□友人関係への影響（友人等とコミュニケーションを取れる時間が少ない等）

（チェック項目は、厚生労働省「子どもが子どもでいられる街に」[3] から引用）

3）厚生労働省ホームページ　https://www.mhlw.go.jp/young-carer

（5）SSW としてどのように支援を進めるか

　Aの現在の日常のスケジュールを一緒に確認し、学校生活や放課後などAにとって必要な時間がどの程度削られているかを教員と共に確認し、学校でできることについて教員と共に検討していきます。

・提出が必要な課題などに対する配慮（提出日の調整や放課後に補修時間をつくるなど）
・遅刻や欠席による授業の補習方法（動画視聴やオンライン）
・将来の夢（看護師）に向けての進路相談（奨学金等の活用方法の提示）
・Aの校内での活躍できる場づくり
・弱音を吐ける場やリラックスできる居場所づくり（保健室の活用など）
・保護者へのアプローチ方法（SSW と一緒に家庭訪問やオンライン面談）

　また、SSW は放課後、家庭生活についてAに提案をしていきます。
・地域で相談できる支援者の紹介（コミュニティソーシャルワーカーなど）
・学校外の居場所づくり（学習支援や子ども食堂など）
・日々の生活について SSW が相談を聴き、一緒に考えることができること

（6）機関連携の可能性

　福祉的課題が明らかな場合、関係機関との連携は欠かせませんが、保護者が支援を受け入れることに抵抗を示す場合があるため、家族や本人の思いや考えを尊重し、意向を確認しながら慎重に進めていきましょう。ネグレクトを疑う場合には要保護児童通告を行い、要保護児童地域対策協議会のネットワークの中で、情報を共有し、支援を検討していきます。

　Aの保護者は病気が引き金となりうつ病を発症しています。Aの負担を軽減するためには、母に対する日常生活の支援や通院同行など、障害福祉サービスを活用することができます。また、障害のある弟のケアについては、小学校との情報共有や放課後等デイサービスの利用を検討することができるでしょう。また、本人と弟が地域の中で安心できる場所として、子ども食堂などを利用することが有効かもしれません。経済的な問題については、医療助成の手続きについての確認や、障害年金の受給についての検討など SSW が保護者と一緒に動くことも可能です。しかし、障害福祉サービスは、サービス受給者自身へのサービスに限定されているため、Aや弟の食事の準備や洗濯等は含まれません。子ども家庭への包括的支援については、制度改正の議論に向けたソーシャルアクションが必要です。　　　　　（水流添　綾）

6 身体の変化に違和感を抱き養護教諭に悩みを相談した小学生の事例

　セクシャルマイノリティーとは、何らかの意味で「性」のあり方が多数派と異なる性的少数者です。セクシャリティーを決める要素は、大きく分けて4つあると考えられています。

　①身体的性（生物学的な身体構造における性）、②性自認（自分自身がどのような性と考えているか）、③性的指向（どのような性を好きになるか）、④性表現（自分自身がどのような性を表現するか）の4つです。セクシャルマイノリティーは、これらの4つの要素が複雑に組み合わさり、多様性があります。

　日本におけるLGBTQの割合は、調査機関・調査方法によってデータにバラつきがあります。大阪市で行われた調査ではLGBTが3.3％、決めたくない・決めていない（Q）等の回答を合わせると8.2％、電通ダイバーシティ・ラボの2018年の調べでは約8.9％、LGBT総合研究所「LGBT意識行動調査2019」では約10.0％、名古屋市総務局総合調整部男女平等参画推進室の調査では1.6％と報告されています。これらの結果から、日本のLGBTQの割合は現在、約3～10％と言われています。

　セクシャルマイノリティーの子どもは、思春期を迎えるころ、自分の体の変化に違和感をもつことで周囲との違いに気づきます。恋愛感情が強まる時期に性的指向を意識し出すことも多いようです。子どもたちは、性が多様であるという知識もないので、周りとの違いに悩み、自分に自信がもてず、否定されるのが怖いという思いから、誰にも話せないでいます。

　また、学校では、理解不足の教師のひとことで傷ついたり、友達からのからかいで教室に居づらくなったり、様々な傷や心の葛藤が起こります。家でも学校でも居場所をなくしていき、自殺を考える子もいます（参考資料：ライフネット生命保険株式会社による委託「第2回LGBT当事者の意識調査～世の中の変化と、当事者の生きづらさ～」宝塚大学看護学部　日高庸晴）。

　文部科学省は、2010年「児童生徒が抱える問題に対しての教育相談の徹底について」を通知し、性同一性障害の児童生徒の心情に配慮した対応を要請しました。2015年「性同一性障害にかかる児童生徒に対するきめ細かな対応の実施等について」、2016年「性同一性障害や性的指向・性自認に係る、児童生徒に対するきめ細かな対応等の実施について（教職員向け）」では、対象を性的マイノリティーである子ども全てに共通するものとし、具体的な配慮事項を示しています。

　SSWは、セクシャルマイノリティーの子どもの話に耳を傾け、性の多様性を尊重し、その生活を「家族システム」「学校システム」でとらえ、子どもが自分らしく生きていけるような環境になるように子どもを中心に考えていきます。

（1）セクシャルマイノリティーの事例

【問題に至る経緯】

　小学校 6 年生、女子。快活で友人も多く、休み時間は男子に交じってサッカーをしている姿をよく見かける。

　12 月のある日、気分が悪いと保健室に来室したので、養護教諭が話を聴いた。「今日、中学の制服の注文に行くことになっていて、それが本当に憂うつ。行きたくないけど行かないとママに叱られるしって考えていたら、気持ち悪くなってきて」ということだった。養護教諭が行きたくない理由を尋ねると、「スカートを履きたくないから」と答えた。春くらいから自分の身体の変化がいやでモヤモヤしていること、女子たちが好きな男子の話をしているけど「好き」が自分となんか違うこと、SNS で自分と同じようなことで悩んでいる子がいたり、LGBTQ という言葉を見つけて自分もそうなんじゃないかと思ったりするけど恥ずかしくて誰にも言えなかったことを話した。養護教諭は、「恥ずかしいことじゃないよ。話してくれてありがとね。大切なことだから、これからどうしたらいいか一緒に考えていこう」と声をかけると、小さく頷いた。

　「今日は体調良くなくて保健室で休んだって、担任の先生からママに連絡してもらっとくね。それでいい？」と聞くと、本人は「気持ち悪くなったとだけ言ってほしい」というので、「わかった」と伝えると安心した様子だった。

【児童・家庭の状況】

　両親と年子の兄の 4 人家族。幼少期より兄や兄の友人たちと一緒に遊ぶことも多く、兄と同じサッカークラブに入っている。両親は、サッカークラブの送迎、休みの日の試合の応援等、積極的にサッカークラブの活動にかかわっており、家族の仲はとてもよい。中学校の制服は、母親同士でグループ購入割引を利用する約束をしており、期日までに採寸しないとグループ購入割引がしてもらえないことを母親は本人に話している。

【ディスカッションテーマ】

1．これから本人の話を聴いていくことになりますが、どんな点に注意して聴くといいか考えてみましょう。
2．本人は、自分の性のあり方についてどう感じていると思いますか？ また、本人が困っていると思われることを具体的にあげてみましょう。
3．中学校との連携も必要になってきます。SSW としてどのようにこのケースを進めていきますか。

（2）ディスカッションテーマの解説

　この事例では、本人は、自分の性をまだよく理解できずに一人で悩んでいるようです。中学校の制服という具体的な生活の課題がでてきたことで、それまでぼんやりとしていた自分の性のあり方と向き合うことになりました。

　子どもの話を聴く時には、まず、勇気をもって話してくれた子どもをねぎらい、発達途上の子どものセクシャリティーを決めつけないで、最後まで話を聴くことが大切です。特に思春期の子どもは、性的指向を自覚できないこともあるので、その準備期間として支持的に聴きます。子どもの話を否定せず受容的に聴くと、子どもは、自分を認めてもらい、安心して話せる関係が築けたと感じ、相談することができるようになります。学校の中に相談できる人が一人でもいることは大きな支えになります。

　学校では、制服以外にも、トイレ、修学旅行の部屋や風呂、部活動、健康診断など男女で別れることがいろいろあります。無意識的に男女を二分する表現もあります。時には、しゃべり方や表情、歩き方が笑いやいじめの対象になっていることもあります。相談では、子どもがどんな生活をしていて「何に困っているのか」を聴き、「どうしたいのか」を一緒に考えていきます。困っている内容は、一人ひとり異なりますし、どうしてほしいかもそれぞれです。決めつけず、できる対応を一緒に考えるのです。子どもの希望が実現しにくい場合もありますが、そうした場合は気持ちを受け止めたうえで代替案を一緒に考えます。

　また、「誰かに話しているか」「誰に話してもいいか」を丁寧に確認することも大切です。セクシャルマイノリティーであることが、子どもの意図とは異なり他の先生や保護者、友達に伝わることで子どもの安全が脅かされることもありますし、安心して相談できる関係が崩れてしまうこともあります。生命の危険等、緊急性の高い場合を除き、情報共有が必要な場合は、共有していい範囲を子どもに確認し、了承を得ることが望ましいです。

　本ケースの場合は、最初に養護教諭が相談を受けています。SSW は養護教諭と連携して、可能であるならば面接に同席するようにします。そして、本人の意向に留意しながら、学校の中で「サポートチーム」をつくります。管理職、学年主任、担任、スクールカウンセラーなどが加わります。サポートチームは、適宜ケース会議を開催し、本人だけでなく、家族への支援、周りの生徒への働きかけなども検討し支援策を考えます。状況によっては、医療機関や外部の相談機関、自助団体につなげることもあります。

　特に本ケースは、中学の制服購入という課題に直面しているため、保護者との共有が急がれます。どのタイミングで誰がどんなふうにお伝えするか、本人の意向を

汲み取りながらケース会議で具体的に段取りを決めていきます。

　次に、小学校生活の安心・安全を考えます。並行して中学校との連携を準備していきます。中学校との連携においては、小学校で行っている支援が引き続き中学校でもできるように調整したり、中学校という新しい環境で予測される新たな課題を本人と一緒に中学校の先生に相談する場を設けたりします。具体的な支援については下記の「性同一性障害に係る児童生徒に対する学校における支援の事例」をご参照ください。

　こうした問題が表面化してからの支援だけではなく、日常の生活の中で多様な性の理解や人権意識が高まる土壌をつくることも大切な支援です。学校の中で多様な性について知る機会をつくる、本や資料などを保健室・図書室・教室などに置く、セクシャルマイノリティーのニュースや話題を子どもたちに肯定的に伝える、男女を二分する表現を変えるなど、今すぐできることはあります。さらに、LGBTQ に対応できる医療機関や支援する団体といった社会資源の情報を調べておくこともできます。

　当事者である子どもが求める支援は、子ども自身のもつ違和感の強弱や成長に伴って変容します。SSW は、発達途上にある子どもにより添い、エンパワメントし、安心・安全な学校生活が送れるよう柔軟に学校体制の構築をしていきます。

（杉原里子）

表9　性同一性障害に係る児童生徒に対する学校における支援の事例

項目	学校における支援の事例
服装	自認する性別の制服・衣服や、体操着の着用を認める。
髪型	標準より長い髪型を一定の範囲で認める（戸籍上男性）。
更衣室	保健室・多目的トイレ等の利用を認める。
トイレ	職員トイレ・多目的トイレの利用を認める。
呼称の工夫	校内文書（通知表を含む。）を児童生徒が希望する呼称で記す。 自認する性別として名簿上扱う。
授業	体育又は保健体育において別メニューを設定する。
水泳	上半身が隠れる水着の着用を認める（戸籍上男性）。 補習として別日に実施、またはレポート提出で代替する。
運動部の活動	自認する性別に係る活動への参加を認める。
修学旅行等	一人部屋の使用を認める。入浴時間をずらす。

文部科学省「性同一性障害に係る児童生徒に対するきめ細かな対応の実施等について」（平成27年4月30日 児童生徒課長通知）の別紙より

第2章

SSW が行う ワークショップ

① 教職員対象：児童虐待防止研修例

（1）研修の目的

　児童虐待防止法第6条では、虐待を受けたと思われる児童を発見した者は速やかに通告する義務があるとして、通告は支援のスタートであることを規定しています。では、学校現場で見える「児童虐待の疑い」とはどのようなものでしょうか。機関連携をスタートするためにも、まずは、校内の教職員が共通理解をもつことが重要です。

　右頁の事例を活用しながら、毎年、学校ごとに発見のポイントと、要保護児童通告の手続きの確認を行いましょう。

（2）研修内容

①研修講師は、児童福祉法および児童虐待防止法を紹介し、児童虐待対応についての一般的知識について説明します。

②参加者は、右頁の事例が、身体的虐待、心理的虐待、性的虐待、ネグレクトのいずれかの虐待の疑いがあるのかどうかについて考えます。

③虐待の疑いがある事例については、どのような手順で要保護児童通告を行うのかを話し合います。通告をするかしないか、ということだけではなく、事例のような状況に出会った時に、学校園内の誰に相談、報告できるのか、その報告ルートを確認してみましょう。

（3）解説

　㋑、㊁は身体的虐待の疑い、㋺はネグレクトの疑い、㋩は性的虐待の疑いがあり、通告の根拠となります。また、その場合も、どのような出来事を通告の根拠と判断したのか、学校で得ている事実を整理し、通告先の機関に伝えることが必要です。㋭は、この記述だけでは児童虐待通告の根拠にはなりません（ただし、E男の行動についてアセスメントを開始することが必要です）。

　また、SSWには、児童虐待通告後の各機関の動きや、一時保護、児童福祉施設入所や退所について、児童福祉法の手続きや対応の流れを説明する力が求められます。

・金澤ますみ「子どもの貧困と虐待」子ども虐待の予防とケア研究会編著『子ども虐待の予防とケアのすべて』911〜924頁　第一法規　2017
・金澤ますみ「学校ソーシャルワークの視点からみた貧困とネグレクト」『小児科臨床』第72巻第12号　日本小児医事出

A）あなたが、担任として次のような場面に出合ったら、どうしますか？
B）あなたが、学校（園）長であれば、児童虐待防止法第6条の規定に基づく「児童虐待の通告に係る通告」を行いますか？ 行いませんか？ その理由は？

㋑小学3年生・A男

　朝のショートホームルームの時間に、A男の目の周りにあざがあるのに気づいた。担任は、1時間目が始まる前に、本人に声をかけ「目の周りのあざ、どうしたの？」と尋ねると、「昨日、お父さんが帰ってきた時に、宿題が終わっていないのにテレビを見ていたので、たたかれた」と答えた。

㋺中学1年生・B男

　4月からB男の担任になった。B男は不登校傾向だったが、1学期は週2〜3回は登校してきていた。夏休みが終わってから、欠席が続いていたため、家庭訪問をすると、B男に会うことができた。保護者は不在。昨年生まれたという妹の世話をするのが忙しいので、学校には行けないと言う。ご飯はどうしているのか尋ねると、「お母さんが買ってくる。でもお母さんが帰ってこない日は、たまに食べない時もある」と言う。玄関先から少し見えた風呂場にはモノがあふれかえっており、風呂に入れる状態には見えなかった。

㋩中学2年生・C子

　C子は夏休みを境に、保健室で過ごすことが増え、授業中もボーッとしていることが多くなり、成績も極端に下がった。あなた（担任）は、養護教諭と情報共有しながら、C子に寄り添ってきた。ある日の放課後、別室で「C子の様子を心配している。何かあったの？」と尋ねると、父親から性的虐待を受けていることを告白した。

㋥高校1年生・D子

　このところ欠席がちであったD子は、クラスメイトの話から友人の家で寝泊まりしていることがわかった。担任として心配になったため、D子に連絡をとり登校したときにゆっくり話を聞いた。「家に帰ると父親に殴られるため、怖くて帰れない」と告白した。

㋭幼稚園児6歳・E男

　E男はいやなことがあると、大きな声をあげ、他の園児たちに手を出してしまう。

（金澤ますみ）

版社　2019

113

② 教職員対象：学校で見える子どもの貧困
― 動画「貧困を背負って生きる子どもたち 智の物語」の活用 ―

（1）研修の目的

- ・不登校やいじめなどの課題の背景を学ぶ
- ・「子どもの視点と最善の利益」を常に意識する支援を学ぶ
- ・連携（校内・関係機関・NPO）の必要性を学ぶ

（2）準備

- ・「貧困を背負って生きる子どもたち」[1) の動画を再生できる環境を準備する
- ・必要に応じてワークシート（エコマップ）と事前情報資料を準備する
- ・子どもの貧困についての資料（統計データ、子どもの声）や参考文献[2)] を用意する

（3）手順

※事前情報については、動画「貧困を背負って生きる子どもたち 智の物語」を視聴したSSWが準備（ここではあくまで「担任から見える姿」だけを伝えます）。事前情報資料の例はQRコード先を参照。

1．視聴前に担任から見える智（不登校傾向、低学力、家庭の課題など）の情報を伝えて個人もしくはグループで、自分が智の担任であればどのようなことに気をつけて生徒指導をしていくのが良いのかを個別にワークシートに記入、もしくはグループで話し合いを行います。

2．動画「貧困を背負って生きる子どもたち 智の物語」（約15分）を視聴。

3．支援前と支援後のエコマップを作成します（必要に応じてSSWからエコマップの書き方や支援における使い方を説明します）。物語視聴後の率直な感想について参加者同士でシェアリングや話し合いを行います。
　※白紙のエコマップについてはQRコード先を参照

4．エコマップを使いながら、関係機関の役割と学校との連携について、SSWが支援においてどのように動いているのかを説明し、学校課題の背景にある子どもの貧困についての解説を行います。

1）「貧困を背負って生きる子どもたち 智の物語」 YouTube にて配信
2）幸重忠孝「スクールソーシャルワーカーに期待される役割」『世界の児童と母性』VOL. 79　公益財団法人 資生堂社会福祉事業財団　2015　https://www.shiseido-zaidan.or.jp/activity/carriers/publication/pdf/vol_79.pdf

（4）図19 完成したエコマップ 母親退院後の仁と智のエコマップ（筆者作成）

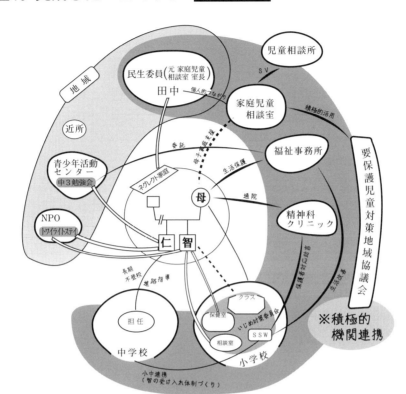

（5）解説

　この研修は、学校での不登校やいじめの背景に家庭課題（子どもの貧困やネグレクト）があることを体感し、学校生活の中で課題発見のためのアンテナを高くすることや子どもの貧困を意識したアセスメントの必要性を学んでもらうものです。

　同時にケース会議など「支援者（大人）主体」になりがちな時に立ち止まって「子どもの気持ちや思い」を考えてもらう大切さを学ぶこともできます。特に今回の研修題材のような、いじめに対する対応は、いじめ防止対策推進法に基づいた手続きを追うことになり、子どもの気持ちが不在になりがちです。この研修を通して「子どもの権利擁護」の視点で考えるスクールソーシャルワークの理念を学校現場に伝えることが可能となります。また、エコマップのワークシートの活用により環境を図面化することで校内や関係機関や民間団体との連携の大切さと役割分担と共に SSW がどのような役割を担っているのかを参加者が学ぶことができます。

　今回紹介した動画「貧困を背負って生きる子どもたち 智の物語」以外にも児童書の『むこう岸』[3]、『みんなはアイスをなめている』[4] を使うことでも子どもの視点に立っての子どもの貧困課題を考える研修が可能です。　　　　　（幸重忠孝）

3）安田夏菜『むこう岸』講談社　2018
4）安田夏菜『みんなはアイスをなめている』講談社　2020

❸ 教職員対象：災害に備えた学校づくり

（1）研修の目的

　災害は非常時です。日ごろはあまり意識しません。しかし、災害が発生すると、子どもや家庭を困難な状況に陥れます。子どもやその家庭、学校・地域の生活を直撃し、子どもの育つ環境に大きな影響を及ぼします。また、学校自体が地域の避難所に指定されており、災害後に避難者が住む空間になるということも考えられます。このような学校という場で、SSW は、日ごろから活動しているということを意識しておくことは重要です。災害立国といわれる日本において、SSW は災害時においても、支援対象となる子どもの「教育」と「生活」に視点を置いた実践を展開していかなければなりません。

　学校保健安全法第29条に基づき、各学校では学校防災マニュアルが整備されていますが、マニュアルは机上で作成しただけでは不十分で、PDCA（Plan − Do − Check − Action）サイクルを実践しつつ地域性を反映した学校独自のマニュアルを作成し、実践できるようにしておく必要があります。また、文部科学省「学校防災マニュアル（地震・津波災害）作成の手引き」によれば、「災害発生時に児童生徒の命を守ることはもちろん、登下校時の安全確保や以後の教育活動の再会を図ることが求められている」のです。最近では、教育中断のリスクについての研究も進み、BCP（事業継続計画）に基づく教育継続について準備しておく必要性が叫ばれています。

　SSW が積極的に危機管理マニュアルにかかわり、災害時に起こり得る福祉的な課題について、学校や地域、家庭や子どもたちに研修しておくことは、災害発生時に子どもの「教育」を受ける権利を保障していくために、また、子どもの「生活」を支援するために、また学校の使命である子どもの「いのち」を守るためにも、必要です。

（2）研修の準備・手順

　担当する学校の危機管理マニュアル、避難マニュアル等の情報を整理します。これまでの避難訓練の実施のされ方なども管理職や担当教員に確認しておきましょう。

① 　SSW として自分が活動する地域の災害の特性について調べてみましょう。過去にどのような災害被害が発生しているのか、今後どのような災害が想定されているのか、避難場所や避難所についても調べることが重要です。
② 　自治体が発行している防災ガイドブックや防災マップなどを手に入れましょう。

③　児童生徒が暮らす地域や、学校、通学路についての安全・安心を実際に確認するためにフィールドワークをするとより良いでしょう。

④　その他、被災が大きく、児童生徒が避難所で暮らすこと、応急仮設住宅、復興住宅など住まいに関する基礎知識、災害給付金、義援金の受け取り、保険金の扱いなど、金銭に関する基礎知識、災害ボランティアに関する基礎知識を学んでおくことは重要です。

⑤　これらの調べを総合して、地域性や学校特性に合わせて研修資料を作成します。

⑥　避難所運営ゲーム（HUG）などを使って災害時の学校現場を体験します。

（3）ワークシート・配布資料とその活用例と HUG の使い方
　（→ QR コード先を参照）

（4）解説

　人は被災経験によって大きなストレスを受け、一時的に様々なストレス反応を経験します。しかし、多くの人は時間の経過とともに、自然に回復し、社会生活を送ることができるようになります。また、災害で強いストレスを受けたとしても、初期の段階ではある程度の正常なストレス反応が見られ、すぐにその状況に適応し、社会生活を行うことができる人や、また、災害によるストレスをきっかけに自己成長を遂げる人が存在することも研究によりわかってきています。このように災害などのストレスに直面しても、あまり影響を受けずに適応して生き延びる力をリジリエンスと呼びます。一方で、被災者の中には被災経験によって大切なものを失い、大きな傷を負い、立ち直ることが困難になってしまう人もいます。そのような人（子ども）には、必要に応じた様々な支援が必要となります。

　このリジリエンスを高めるために、SSW が日ごろの学校での活動の中で、災害についての研修を展開することに意義があります。いち早く災害後の支援を展開するためにも、日ごろから教職員や教育委員会の方々と災害時についての情報を共有しておかなければなりません。

　さらに、学校という場が避難所になった時、子どもたちの学習の場をどのように確保するのか、研修を通してシミュレーションしておく必要があります。子どもがリジリエンスを発揮するためには、居場所としての学校機能をいち早く回復する必要があるのです。実は、SSW が災害を知り、災害と学校についての研修を展開する意図はここにあります。

（野尻紀恵）

④ 児童・生徒対象：子どもの権利条約を子どもに届ける「たずねるワーク」

（1）「たずねるワーク」『言ってもいいよ～お手紙を書いてみよう～』のきっかけ

2020年3月、COVID-19感染拡大防止のために学校が一斉休校になり、教職員は約3カ月にわたり、子どもたちと会うことすら難しく、「子どもたちの聴かれる権利」（子どもの権利条約 第12条）の保障が困難な日々が続きました。

本ワークは、その状況下で、子どもたちが自分の意見や気持ちを表現できるような取り組みや、休校明けに子どもたちへ伝えたいメッセージなどの案を教員と話し合っている中で生まれた、SSWがファシリテーターとして行う授業（ワークショップ）の一例です。

（2）ワークの目的

①「子どもの聴かれる権利」（子どもの権利条約 第12条）があることを伝え、子どもの意見表明の機会をつくること
②「相談する」「相手に伝える」ことの価値を伝えること
③子どもが表出したことに対して大人は返事をくれるという体験を届けること

（3）ワークの準備

ワーク実施前に、教員と以下を確認します。

□ワークの手順　※「（4）ワークの手順」参照
□準備物：パソコン、封筒、PPT資料、ワークシート（QRコード先参照）等
□ワークシートの取り扱い・子どもたちへの説明内容
　　ワークシートには、「いまの体調」「先生やSSWに話したいこと・聞いてほしいこと」「大人に質問したいこと」「いま誰かに聴いてほしい・相談したいと思うことがあるか（はい／いいえ）」を書き、一人ずつ封筒に入れて提出してもらいます。子どもたちにはワークシートのことを「手紙」と伝え、SSWだけでなく、ここにいる先生たちみんなで読むことを説明します。また、返事の方法をどうするか（例：一人ひとりに向けて書く、クラスに向けて書く、返事を書くことは難しいが大切に読む等）についても併せて説明します。
□ワークを実施するにあたって、配慮の必要な子どもと配慮の方法
□ワーク後の支援体制について

（4）ワークの手順

【役割】SSW：ファシリテーター、担任・数名の教職員：子どもたちと参加

① SSW の役割について、子どもたちに「生活の中で困っていることの相談にのり、一緒に考える人」と自己紹介します。

②ワークのめあて「自分のことを伝えてみよう。～今日はお手紙で～」を説明します。

③「相談する」ことについて、国語辞典の意味を紹介しながら、「相談する」とはどういうことかを説明し、相談内容の例を提示します。子どもたちが普段、大人や友達に話していることの中にも「相談」が含まれることを伝え、相談する力をもっていると伝えたうえで、SSW が思う相談することの価値を伝えます。

④子どもの権利条約　第12条「子どもの聴かれる権利」を説明します。

⑤人が相談したり、支え合ったりする存在がほしいと思うことは自然であることを伝えます。

⑥「もし、誰かに何かを相談する時」の例として、自分のことを伝えたり、相手のことを尋ねたりする方法を例をあげながら説明し、子どもたちにも考えてもらいます。その時、言いたくない／わからないなどの気持ちがあってもいいこと、様々な表現（言葉、イラスト、歌、ジェスチャーなど）があることも伝えます。

⑦「いつか相談する時の練習」として、子どもたちにワークシート（手紙）を書いてもらいます。ワークシートの取り扱いも丁寧に説明します。

⑧授業後、SSW は教員と一緒に子どもたちからの手紙を読みます。

⑨あらかじめ伝えておいた方法で子どもたちに返事をします。

（5）ワークの意義と留意点

　ワークシートを「手紙」と呼び、一人ずつ封筒に入れて提出してもらうことには、それぞれの意見や気持ちを大切にするよという意味が込められています。また、あらかじめどんな気持ちや表現方法も尊重するということや、読む人や返事の方法を伝えておくことは、子どもからのメッセージをどう受け取り、どうやって返すのかを約束し、その約束を守り、大人からも応対するよというメッセージです。

　筆者が行ったワークでは、手紙の内容例として、「大人になることへの期待や不安」「SSW の仕事に対しての質問」「新型コロナウイルスや休校に関係する質問」「しあわせに暮らすためには何が必要？」「学校は何をするところ？」などがありました。また、友達や家族、体調や気分等について具体的にどうしたらいいかという相談や、「特にない」「なし」と書いてくれる子どももいました。

　ワークを通して、子どもの SOS が発見されることもあり、教員とチーム支援を開始するきっかけになりました。

（清水美穂）

❺ 児童・生徒対象：自殺防止の取り組み―「相談する力」を育む

（1）研修の目的―生徒自身の「相談する力」を育む

　兵庫県教育委員会（2014）の報告書[1]には、「自殺した事案の多くは『誰か』に自殺願望を告げた形跡がない。悩みが深ければ深いほど、『誰か』に相談することは困難を極める。それでも、『相談できる力』があれば、『死にたい』と打ち明けるところまでいかなくても、話をしているうちに自殺願望が消失する可能性がある。このことを踏まえて、教職員は、高校生の『相談できる力』を育む必要がある」とあり、その方法として、高校生自身に「私の相談先マップ」を授業の取り組みの一環として実施する方法が示されています。

　ここでは、これらの提案を参考に、SSWが高校生に実施するワークショップ（グループワーク）としての研修の組立例を紹介します。

（2）各回のテーマ

第1回　ワークショップ「困ったときはどうする？」
第2回　在籍校の近隣にある資源を調べてみよう
第3回　住んでいる市区町村や都道府県の資源を調べてみよう
第4回　調べたことを発表しよう

（3）第1回目の内容と進め方

事前準備：グループ分けをしておきましょう（5〜6人のグループで行う）
　　　　　ふせん（2色）・模造紙・サインペン

① 　SSWから、ワークショップの目的を伝えます。ポイントは、高校生が誰かに相談することを恥ずかしいことと思わないですむように、困った時に相談をするということは尊いことであることを伝えます。例えば、「私たちは一人では生きられない存在です。だからこそ、困った時に相談したり、相談されたりする『支え合う関係』を求めることはとても自然なことです。私も同じです」というような導入から始めてもよいでしょう。
② 　一人につき、2色のふせんを配ります。学年に応じたテーマ（高校1年生の例：「高校生になって戸惑ったこと＝中学校時代の生活と変わったこと。「通学距離が長くなったので遅刻が心配」など）を示し、青色のふせんに、1枚につき1つの内容を書きます。
　　ポイントは「"こんな小さなことで"と思う必要はない」と伝えることです。

1）兵庫県教育委員会『高校生等の自殺予防対策に関する委員会報告書』平成26年3月
2）金澤ますみ「ソーシャルワークの視点から見た学校構造の課題―なぜ、生徒は先生に相談できないのか―」日本生徒指導学会編『生徒指導学研究』学事出版　2019

③　「戸惑ったこと」（青色のふせん）を模造紙に貼り、一人ずつその内容を紹介します。絶対に守らなければならないルールとして、「一人ひとりの意見を否定したり、馬鹿にしたりしない」ということを事前に伝えます。例として、「たいしたことではない」という発言や、「思わず鼻で笑ってしまう」ということが、意見を否定することになることを示し、みんなが発言しやすい雰囲気をつくることを心がけるようにうながしましょう。

④　「戸惑ったこと」に対して、「工夫できる対処法」を赤色のふせんに書き、青色のふせんの下に貼っていきます。1枚につき1つの内容を書きます。一人が複数のアイデアを出してもよいです。右の写真は、同じような手法で大学生を対象にワークショップを行った時の1コマです。

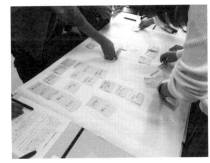

　この時、SSWからは学校内で相談できる資源の例（教員のほか、SSWやSC、キャリアカウンセラーなど）を口頭で投げかけておきます。

⑤　グループごとに発表し、SSWからまとめを行います。この時、④で投げかかけた校内資源について、どのような相談窓口があるのか具体的に説明します。専門職の勤務曜日や、相談手続き等の配布資料を作成しておくとよいでしょう。

（4）第2回目以降の内容

　2回目、3回目は、インターネット等を活用して、校区内や生徒の居住市区町村、都道府県の社会資源を調べてみましょう。この時に、あらかじめ生徒にアクセスしてほしい有益なサイトをいくつか提示することが有効です。4回目は、グループで調べた社会資源を発表します。その後の応用として、これらをまとめて、「私たちの生活サポートマップ」を作り、全校生徒に配布するという活用もあります。

（5）児童生徒が相談できる学校環境を整える

　日本の多くの学校では、児童生徒が教職員に自ら相談できる物理的な場所と機会がありません。そのため、児童生徒は、「どこに行けば、誰に、いつ、どのくらいの時間、どのような内容の話を聞いてもらえるのか」ということがわかりません。ここで紹介した児童生徒の「相談する力」を育む取り組みの前に、学校内の相談支援体制を見直し、相談を受けられる体制を整えましょう[2]。

（金澤ますみ）

コラム❷

知ってほしい起立性調節障害

　娘が小学４年生の秋に、起立性調節障害という聞き慣れない病気を発症しました。最初は朝起きることができなくなり、体調が悪いのだろうと思い、学校を休ませていました。夜には元気になり「明日は学校へ行く」と言って翌日の学校の準備をして夜９時には就寝しました。ところが、翌日の朝も起きることができません。目が覚めても吐き気がすると言ってトイレまで這いずって行き嘔吐します。近所の内科で診てもらっても疲れているだけだろうとのことで、様子を見るしかありませんでした。

　その状態が１週間も続くと、私は、何か大きな病気があるのではないかと思い、総合病院の小児科を予約しましたが１カ月待ちでした。しかし、学校の先生からは、親が子どもを学校に登校させない状況ではないかと不審がられて、辛い思いをしました。

　病院ではいくつかの病気を疑い、２カ月かけて様々な検査をしました。朝に起きられなくなってから３カ月が経ち、やっと出た診断名が起立性調節障害でした。しかし、学校へ起立性調節障害の診断名を伝えても、聞いたことがない病名だとして信じてもらうことはできずに、親の養育能力不足としてとらえられてしまいました。

　さらに、子どもが病気を発症したてのころは、私自身がこの病気を理解することは難しく、夜の元気な姿を見ると本当に病気なのかと疑問に感じてしまっていました。また、毎朝しんどい状態の子どもの姿を見ると、いつ元気になるのか、いつ登校できるようになるのか、進学や進路はどうなるのか、将来はどうなるのか、焦りや不安でいっぱいでした。当時は、学校にも身近にも、この病気を知っている人が誰一人おらず、親としての自信をなくすばかりでした。

　その後、娘の学校に赴任してきた先生が「私はこの病気を知らないけれど、一緒に勉強していきましょう」と言ってくれた言葉にとても救われました。

　そのような時期に、他府県で開かれている親の会とつながることができました。親の会で学んだことは、一番しんどい思いをしているのは、病気である子ども自身であること。親は不安な子どもの気持ちに寄り添って、心のサポートをすることが大切ということでした。数年後、私も地元で起立性調節障害の子を持つ親が集まり、ホッと一息つけるような場所をつくりたいと思い、親の会を立ち上げました。

　しかし、親の会だけで、子どもや親の不安がなくなるわけではありません。この病気は、決して子どもの怠けや親の養育能力の問題ではありません。思春期に好発する身体疾患です。赴任してきた先生のように、学校の中にも、子どもの病気を理解して、子どもの将来を親と一緒に信じて寄り添うことのできる人がいることを願います。

　最後に、娘は、小中学校は欠席が多かったですが、体調に合わせて通える通信制高校に進学して、７年かけて卒業しました。そして、病気を発症してから10年が経ったころ、治療を終えました。今は、症状は残っているものの治療は不要になり、アルバイトをしながら、病気を発症する前からもっていた夢に向かって進んでいます。

起立性調節障害カラフル代表

平野直美

ICT を活用した子ども支援

　文部科学省が打ち出した GIGA スクール構想によって、児童生徒向け一人１台端末や校内通信ネットワークの導入、校務のクラウド化等、学校における ICT 環境の整備が進められています。私が雇用されている自治体では SSW にも専用の ID があることから、支援においても ICT を活用することができています。

　個別支援の場面では、疾患のある当事者（子ども・保護者等）との面談をオンラインで行ったり、対面でのやりとりに抵抗を感じる子どもとテキストメッセージでのやりとりを行ったりしています。テキストメッセージの入力は、音声や手書きで行うことも可能なので、ローマ字でのタイピングが難しい子どもでも行うことができています。また、当事者に対して情報提供を行う際にも、写真や動画を用いることができるようになったので、これまでの言葉による説明だけでは伝わりにくかった場所の雰囲気等も伝えることができるようになりました。さらには、相談フォームを活用することで、学校を介さずに、SSW が直接相談を受けることもできています。これにより、相談していることを第三者には知られたくないという思いをもっている当事者からの相談や、教職員との関係に悩んでいる当事者からの相談も受けやすくなっています。

　それから、ICT を用いることで、SSW の業務を効率化することもできています。例えば、勤務する学校から遠方にある関係機関とのケース会議をリモートで行うことで、これまで移動に要していた時間を削減することが可能となりました。また、教職員が活用する校務用ネットワーク（校務用のクラウドやコンピューターネットワークなど）に SSW も参画しているので、適宜、児童生徒の出欠状況や指導の記録等を確認したり、SSW が支援記録を入力したりしています。これによって、時間や場所を選ばずに教職員との情報共有ができるようになりました。

　今後は、集団を対象とした支援でも ICT を活用していきたいと考えています。学校内で実施されている子どもを対象としたアンケート調査の結果を量的に整理することができれば、学級単位や学年単位、学校単位での実態を把握することにつながります。また、必要に応じて、SSW がアンケートを作成し、子どもたちに取り組んでもらうこともできると思います。そのようなアンケート調査の結果は、学級や学年、学校全体を対象とした取り組みを教職員と一緒に考えたり、地域に対して子どもや学校の実態を伝えたりしていく際の根拠として活用できると思います。これにより、子どもや学校の実態に即した新たな社会資源の開発ができるのではないかと考えています。

　端末を通信ネットワークにつなぎさえすれば、いつでもどこでも利用できる点が、ICT 活用の利点であると思います。反面、個人情報が流出してしまう危険があることにも留意しておかなければなりません。校内の通信ネットワークに限定してインターネットに接続するなど、コンピューターウイルスへの対策をとっています。また、オンラインでの面接や校務用ネットワークの閲覧や入力を行う際には、SSW だけの個室で行うなどの配慮をしながら ICT を活用しています。

福岡市教育委員会拠点校スクールソーシャルワーカー

池田　敏

おわりに

　ソーシャルワーク専門職のグローバル定義には注釈があり、そこには、ソーシャルワーク専門職の中核となる任務・原則・知・実践について詳述されています。その「実践」の中に「ソーシャルワークは、できる限り、『人々のために』ではなく、『人々とともに』働くという考え方をとる」とあります。

　スクールソーシャルワーカーやスーパーバイザーとして、学校を基盤としたソーシャルワークを展開しようとする私たちは、この言葉をどのようにとらえたらよいだろうか、ということを考え続けています。

　本書の底本となった、2016年5月発刊の『スクールソーシャルワーカー実務テキスト』の「はじめに」の中で、私は次のように記しました。「本書においては、ソーシャルワークの理念を大切にしながら、学校という場で自らの活動を展開してきたスクールソーシャルワーカーたちの『実践知』を紹介することに重きを置きました。そして指導主事や教職員、その他の専門職の立場からもスクールソーシャルワーカーに求めることや学校体制のあり方について重要だと考えられる点を率直に記してもらいました。それゆえ、児童・生徒や保護者からの視点については、根源的な意味では記すことができていないという反省点があります。この点については、今後の私たちの大きな課題でもあります」。

　今回、三訂版を発刊するご縁をいただき、初版の反省点を踏まえた編成にしたいと、不登校経験のある方や保護者の立場からも執筆していただきました。また、表紙イラストは編者間で意見を出し合い、アーティストのYukiさんに「学校の校舎が中心にあるイメージではなく、学校も社会の中の一部であるというような風景」をお願いしました。そのコンセプトをもとにYukiさんが描き下ろしてくださった作品です。編者の郭さんが、届いたイラストを見て「三日月（Crescent Moon）には、徐々に満ちていくことから、成長や発展の意味があるそうです」と教えてくれました。

　1冊の本が完成されるまでには、執筆者のほかにも、出版社の編集担当者、デザイナーや営業担当者、そのほかたくさんの人たちとの協働作業があります。学事出版のみなさまには、本書制作にあたって「できる限り、人々とともに」創るテキストにしたいという、たくさんのこだわりを実現するために、共にご尽力いただいたことを感謝いたします。

　最後になりますが、本書が子どもの教育保障の実務に携わる方々の一助となることを編者一同願っています。

2022年9月　金澤ますみ

スクールソーシャルワーク関連条約・法・通知等

国際関係

- 世界人権宣言
- 経済的、社会的及び文化的権利に関する国際規約（社会権規約）
- 市民的及び政治的権利に関する国際規約（自由権規約）
- 児童権利宣言
- 児童の権利に関する条約
- 障害者の権利に関する条約
- 難民の地位に関する条約
- ソーシャルワーク専門職のグローバル定義

国内

- 日本国憲法
- 水平社宣言

子ども家庭福祉関連

- 児童憲章
- 児童福祉法
- 児童虐待の防止等に関する法律
- 子ども・子育て支援法
- 子どもの貧困対策の推進に関する法律
- こども基本法
- こども家庭庁設置法
- 母子保健法
- 配偶者からの暴力の防止及び被害者の保護等に関する法律
- 母子及び父子並びに寡婦福祉法
- 児童手当法
- 児童扶養手当法
- 特別児童扶養手当等の支給に関する法律

教育・学校制度関連

- 教育基本法
- 学校教育法
- 学校教育法施行規則
- 学校保健安全法
- いじめ防止対策推進法
- 義務教育の段階における普通教育に相当する教育の機会の確保等に関する法律

文部科学省通知等

- 生徒指導提要（改訂版）
- 児童虐待防止に向けた学校等における適切な対応の徹底について（通知）
- 体罰の禁止及び児童生徒理解に基づく指導の徹底について（通知）
- 学校事故対応に関する指針
- 不登校児童生徒への支援の在り方について（通知）
- 性同一性障害に係る児童生徒に対するきめ細かな対応の実施等について（通知）
- 児童生徒の自殺予防に向けた困難な事態、強い心理的負担を受けた場合などにおける対処の仕方を身につける等のための教育（SOSの出し方に関する教育）の推進について（通知）
- 子供に伝えたい自殺予防（学校における自殺予防教育導入の手引）

社会福祉関連

- 自殺対策基本法
- 自殺総合対策大綱
- 男女共同参画社会基本法
- 生活保護法
- 生活困窮者自立支援法
- 部落差別の解消の推進に関する法律
- アイヌの人々の誇りが尊重される社会を実現するための施策の推進に関する法律（アイヌ支援法）
- 障害者基本法
- 障害者総合支援法
- 障害を理由とする差別の解消の推進に関する法律
- 障害者虐待の防止、障害者の養護者に対する支援等に関する法律
- 障害者による文化芸術活動の推進に関する法律
- 性同一性障害者の性別の取扱いの特例に関する法律
- 犯罪被害者等基本法
- 地域共生社会の実現のための社会福祉法等の一部を改正する法律
- 支援会議の実施に関するガイドラインの策定について（通知）
- 「重層的支援体制整備事業に係る帳票類及び評価指標の手引きの策定について（通知）」の改正について
- 「地域共生社会の実現に向けた地域福祉の推進について」の改正について

司法福祉関連

- 少年法／少年院法／少年鑑別所法
- 更生保護法
- 医療観察法

社会教育・生涯学習関連

- 社会教育法
- 音楽文化の振興のための学習環境の整備等に関する法律
- スポーツ基本法
- アイヌ文化の振興並びにアイヌの伝統等に関する知識の普及及び啓発に関する法律
- 文化芸術振興基本法

■編者プロフィール

金澤 ますみ：桃山学院大学社会学部ソーシャルデザイン学科准教授
1977年生まれ。大学時代に社会福祉士実習を教護院（現在の児童自立支援施設）で、教育実習を高校で行い、学校のソーシャルワーカーとして活動したいという思いが強くなる。当時、SSWという仕事はなかったため、学校の相談員としての活動を継続。2005年度からSSWに。現在は、SSWのスーパーバイザーも務める傍ら、子どもの権利条約を子どもに届ける出張授業に取り組んでいる。社会福祉士。
著書に『学校という場の可能性を追究する11の物語　学校学のことはじめ』（共編著）明石書店、他。
モットーは「わからないから尋ねる」。

奥村 賢一：福岡県立大学人間社会学部社会福祉学科准教授
1977年生まれ。福岡で育つ。同志社大学文学部社会学科社会福祉学専攻卒業後、京都市内の障害福祉サービス事業所にて地域生活支援に従事。その後、大学院への進学を機に地元福岡へ戻りSSWに。現在は、福岡県ならびに福岡市でSSWのスーパーバイザーも務める。福岡県スクールソーシャルワーカー協会副会長。社会福祉士、精神保健福祉士。
著書に『スクールソーシャルワーカーのしごと―学校ソーシャルワーク実践ガイド―』中央法規、他。
モットーは「一期一会」。

郭 理恵：NPO法人コスモス村理事
1975年生まれ。大阪で育つ。2003年より、生きるチカラを育むキャンプやワークショップ、人間関係トレーニング等の企画・運営に従事。2005年から地域の子ども誰しもが通える場である「学校」でソーシャルワーク実践を始める。大学院では修復的対話について研究。その後、大学でスクールソーシャルワーカー養成課程に携わり、現在は、SSWのスーパーバイザーを務める傍ら、修復的対話を教育現場で活用するためのワークショップや人権啓発・平和構築にかかわる活動を行っている。社会福祉士。
モットーは「つながりの中で生きる」。

野尻 紀恵：日本福祉大学社会福祉学部社会福祉学科教授
1964年生まれ。大阪で育つ。神戸大学教育学部卒業後、神戸市内高校教諭時代に阪神淡路大震災を経験。震災後、福祉教育を軸として神戸市長田区のまちづくりに参画。子どもたちとボランティア部を立ち上げ活動。福祉の奥深さにはまり大学院に進学し教育福祉を研究、茨木市SSWに。現在は、SSWのスーパーバイザーを務める傍ら、あいちスクールソーシャルワーク実践研究会を主催。社会福祉士。
著書に『子どもの隠された貧困を支援するスクールソーシャルワーカーの役割』大学図書出版、他。
モットーは「むずかしいことをやさしく」。

■執筆者一覧 (50音順)

大場　綾沙美（おおば・あさみ）
福岡県スクールカウンセラー
（1-2-2）

奥村　賢一（おくむら・けんいち）
福岡県立大学准教授
（はじめに・2-1-9・2-2-2・2-2-4,5,6）

郭　理恵（かく・りえ）
NPO法人コスモス村理事
（2-2-3・3-1-3,4）

笠原　麻央（かさはら・まお）
長野総合法律事務所弁護士
（1-2-3・1-3-2）

金澤　ますみ（かなざわ・ますみ）
桃山学院大学准教授
（1-1-1・2-2-1・2-3-6・3-2-1・3-2-5・おわりに）

川松　亮（かわまつ・あきら）
明星大学常勤教授
（1-3-3,4）

小久保　哲郎（こくぼ・てつろう）
あかり法律事務所弁護士
（1-3-6）

清水　美穂（しみず・みほ）
スクールソーシャルワーカー
（3-2-4）

下田　学（しもだ・まなぶ）
九州工業大学キャンパスソーシャルワーカー
（1-2-7・3-1-6）

杉原　里子（すぎはら・さとこ）
スクールソーシャルワーカー
（1-3-1・3-1-6）

髙橋　爾（たかはし・ちかし）
精神障害者相談事業所ソーシャルワーカー
（1-3-7）

竹元　巨（たけもと・なお）
愛知県一宮市教育委員会指導主事
（1-2-1）

水流添　綾（つるぞえ・あや）
一般社団法人こもれび代表理事
（2-3-2,3,4,5・3-1-5）

利根川　尚也（とねがわ・なおや）
沖縄県立南部医療センター・こども医療センター小児総合診療科医長
（1-2-4）

中野　澄（なかの・きよし）
大阪成蹊短期大学教授
（2-1-1）

長瀬　正子（ながせ・まさこ）
佛教大学准教授
（1-3-5）

野尻　紀恵（のじり・きえ）
日本福祉大学教授
（1-1-2,3・2-1-8・2-3-1・3-2-3）

半羽　利美佳（はんば・りみか）
武庫川女子大学教授
（2-1-6）

馬場　幸子（ばんば・さちこ）
関西学院大学教授
（1-1-4,5）

久山　藍子（ひさやま・あいこ）
摂津市教育委員会スクールソーシャルワーカースーパーバイザー
（2-1-7）

堀　信也（ほり・しんや）
東大阪市教育委員会指導主事
（2-1-2）

森本　智美（もりもと・ともみ）
スクールソーシャルワーカー
（2-1-3,4,5）

安原　佳子（やすはら・よしこ）
桃山学院大学教授
（3-1-1）

山中　徹二（やまなか・てつじ）
大阪人間科学大学助教
（3-1-2）

幸重　忠孝（ゆきしげ・ただたか）
NPO法人こどもソーシャルワークセンター理事長
（1-2-8・3-2-2）

松本　吏生（まつもと・りき）
環境教育事務所New Beginning World代表
（コラム①）

平野　直美（ひらの・なおみ）
起立性調節障害カラフル代表
（コラム②）

池田　敏（いけだ・さとし）
福岡市教育委員会拠点校スクールソーシャルワーカー
（コラム③）

Yuki
合同会社工房はんどアーティスト
（カバー絵）

三訂版 スクールソーシャルワーカー実務テキスト

2016年 5 月20日　初版第 1 刷発行
2019年 8 月 5 日　改訂新版第 1 刷発行
2022年10月31日　三訂版第 1 刷発行

編著者　金澤ますみ・奥村賢一・郭理恵・野尻紀恵
発行人　安部英行
発行所　学事出版株式会社
　　　　〒101-0051　東京都千代田区神田神保町 1 - 2 - 5
電　話　03-3518-9655
https://www.gakuji.co.jp

編集担当　町田春菜
装　　丁　弾デザイン事務所
編集協力　古川顕一
印刷・製本　精文堂印刷株式会社
落丁・乱丁本はお取り替えします。